A reflexão e a prática no Ensino Médio

3

Literatura e subjetividade: aspectos da formação do sujeito nas práticas do Ensino Médio

Blucher

A reflexão e a prática no Ensino Médio

3

Literatura e subjetividade: aspectos da formação do sujeito nas práticas do Ensino Médio

Márcio Rogério de Oliveira Cano
coordenador da coleção

Andréa Portolomeos
organizadora do volume

Anélia Montechiari Pietrani

Cristiane Rocha Penoni

Cristina Duarte

Eduardo da Silva de Freitas

Fátima Cristina Dias Rocha

Isabel Cristina Rodrigues Ferreira

Marcia Lisbôa Costa de Oliveira

Maria Cristina Cardoso Ribas

Vinícius Macedo Teodoro

autores

Coleção A reflexão e a prática no Ensino Médio – volume 3 – Literatura e subjetividade: aspectos da formação do sujeito nas práticas do Ensino Médio

©2016 Márcio Rogério de Oliveira Cano (coord.), Andréa Portolomeos (org.), Anélia Montechiari Pietrani, Cristiane Rocha Penoni, Cristina Duarte, Eduardo da Silva de Freitas, Fátima Cristina Dias Rocha, Isabel Cristina Rodrigues Ferreira, Marcia Lisbôa Costa de Oliveira, Maria Cristina Cardoso Ribas, Vinícius Macedo Teodoro

Editora Edgard Blücher Ltda.

Blucher

Rua Pedroso Alvarenga, 1245, 4º andar
04531-012 – São Paulo – SP – Brasil
Tel.: 55 11 3078-5366
contato@blucher.com.br

www.blucher.com.br

Segundo o Novo Acordo Ortográfico, conforme 5. ed. do *Vocabulário Ortográfico da Língua Portuguesa*, Academia Brasileira de Letras, março de 2009.

É proibida a reprodução total ou parcial por quaisquer meios sem autorização escrita da Editora.

Todos os direitos reservados pela Editora Edgard Blücher Ltda.

Ficha catalográfica

Literatura e subjetividade: aspectos da formação do sujeito nas práticas do Ensino Médio / Andréa Portolomeos (org.) [et al.]; — São Paulo: Blucher, 2016. 176 p.: il. (Coleção A reflexão e a prática no ensino médio, v. 3 / Márcio Rogério de Oliveira Cano, coord.)

Bibliografia
ISBN 978-85-212-0959-1

1. Literatura – Estudo e Ensino 2. Medotologia de ensino 3. Literatura – Ensino Médio 4. Subjetividade na literatura I. Portolomeos, Andréa II. Cano, Márcio Rogério de Oliveira

15-1036   CDD 807

Índices para catálogo sistemático:
1. Literatura – Estudo e Ensino

Coordenação, organização e autores

COORDENADOR DA COLEÇÃO

MÁRCIO ROGÉRIO DE OLIVEIRA CANO

Professor do curso de Letras do Departamento de Ciências Humanas da Universidade Federal de Lavras, mestre e doutor pelo Programa de Estudos Pós-Graduados em Língua Portuguesa da Pontifícia Universidade Católica de São Paulo. Desenvolve pesquisas na área de Ensino de Língua Portuguesa e Análise do Discurso. Possui publicações e trabalhos apresentados na área, além de vasta experiência nos mais variados níveis de ensino. Também atua na formação de professores de Língua Portuguesa e de Leitura e produção de textos nas diversas áreas do conhecimento.

ORGANIZADORA DESTE VOLUME

ANDRÉA PORTOLOMEOS

Possui Doutorado em Literatura Comparada pela Universidade Federal Fluminense (2005), com período sanduíche na Università la Sapienza, em Roma (Itália). Foi bolsista de pós-doutorado júnior do CNPq na Universidade Federal Fluminense (UFF). É professora adjunta de Literatura Brasileira e Teoria Literária na Universidade Federal de Lavras (UFLA). Tem experiência no ensino de literatura brasileira em graduação e pós-graduação do curso de Letras. Atuou como colaboradora no projeto que recuperou as correspondências de Machado de Assis, coordenado por Sérgio Paulo Rouanet, da Academia Brasileira de Letras. Atualmente, coordena o Grupo de Estudos de Literatura e Outras Linguagens na UFLA e o projeto Investigações, financiado pela Capes e pela Fapemig, sobre lacunas na formação literária do estudante da educação básica e sobre a formação de professores de literatura.

AUTORES

ANÉLIA MONTECHIARI PIETRANI

Professora adjunta de Literatura Brasileira da graduação e do programa de pós-graduação em Letras Vernáculas da Faculdade de Letras da Universidade Federal do Rio de Janeiro (UFRJ). Coordenadora do Núcleo Interdisciplinar de Estudos da Mulher na Literatura (NIELM) da Faculdade de Letras da UFRJ. Mestre em Literatura Brasileira (UFF) e doutora em Literatura Comparada (UFF). Autora dos livros *O enigma mulher no universo masculino machadiano* (2000) e *Experiência do limite: Ana Cristina Cesar e Sylvia Plath entre escritos e vividos* (2009), ambos publicados pela EdUFF. Com Lucia Helena, coorganizou *Literatura e poder* (2006), publicado pela Contracapa; com Anabelle Loivos Considera e Luiz Fernando Conde Sangenis, coorganizou *Euclides, mestre-escola* (2015), lançado pela EdUERJ. É organizadora da obra *Euclides da Cunha: presente e plural* (2010), publicado pela EdUERJ.

AUTORES

CRISTIANE ROCHA PENONI

Graduada em Letras (português e inglês) pela Universidade Federal de Lavras (UFLA). Desenvolveu pesquisa de iniciação científica, financiada pela Fundação de Amparo à Pesquisa do Estado de Minas Gerais (Fapemig), sobre o ensino da literatura por meio do uso das tecnologias de informação e comunicação. Atua como tutora em Educação a Distância no Centro Universitário Unilavras, em Lavras (MG). Participa do Grupo de Estudos de Literatura e Outras Linguagens (UFLA). Tem se dedicado à produção de poesia sob o pseudônimo Xavin Penoni.

CRISTINA DUARTE

Licenciada em Letras (português, inglês e suas literaturas) pela Universidade Federal de Lavras (UFLA). Foi bolsista de iniciação científica pelo Programa de Bolsa Institucional de Pesquisa PIBIC/UFLA. Suas pesquisas têm como foco as Literaturas Modernas e Contemporâneas, bem como aspectos da Teoria Literária. É integrante do Grupo de Estudos de Literaturas e Outras Linguagens (UFLA) e atua como professora de Literatura e Redação para alunos da educação básica da Associação Escola Cooperativa Gralha Azul.

EDUARDO DA SILVA DE FREITAS

Doutor em Literatura Comparada pela Universidade do Estado do Rio de Janeiro (UERJ). Entre 2011 e 2015, foi professor adjunto da Universidade Federal de Lavras (UFLA), onde participou de projeto de pesquisa financiado pela Fapemig/Capes visando investigar a formação literária de alunos e professores do Ensino Médio. Foi professor da educação básica em escolas públicas e particulares no Rio de Janeiro. Atualmente, é professor adjunto da UERJ.

FÁTIMA CRISTINA DIAS ROCHA

Professora associada de Literatura Brasileira do Instituto de Letras da Universidade do Estado do Rio de Janeiro (UERJ), instituição em que atua na graduação e na pós-Graduação. Desenvolve pesquisa sobre as formas da autobiografia de escritores brasileiros, publicando regularmente artigos em torno desse tema.

ISABEL CRISTINA RODRIGUES FERREIRA

Possui bacharelado em Matemática pela Universidade Federal de Minas Gerais (1996), licenciatura em Letras (inglês) pela Universidade Federal de Minas Gerais (1999), mestrado em Arts in Romance Languages pela University of North Carolina at Chapel Hill (2003) e doutorado em Philosophy in Romance Languages, com Minor em Literatura em Língua Inglesa, pela University of North Carolina at Chapel Hill (2008), reconhecido pela Universidade Federal do Rio Grande do Sul (2010). Atualmente, é professora adjunta de Língua Inglesa e suas Literaturas na Universidade Federal de Lavras. Tem experiência na área de Letras, com ênfase em língua inglesa e suas literaturas, português como língua estrangeira e literaturas em língua portuguesa. Pesquisa, principalmente, os aspectos sociais, étnicos, culturais e de gênero na literatura e tem interesse pela computação a serviço das humanidades.

Coordenação, organização e autores

MARCIA LISBÔA COSTA DE OLIVEIRA

Doutora em Letras pela UFRJ (2002). Professora da UERJ, atua no Departamento de Letras da Faculdade de Formação de Professores. Tem experiência em projetos de Letramento Literário e desenvolve pesquisas sobre letramento e inclusão social. Membro do Grupo de Pesquisa Linguagem & Sociedade (FFP/UERJ-CNPq).

MARIA CRISTINA CARDOSO RIBAS

Possui graduação em Letras pela Pontifícia Universidade Católica do Rio de Janeiro (1982), mestrado em Literatura Brasileira pela Pontifícia Universidade Católica do Rio de Janeiro (1987) e doutorado em Letras (Ciência da Literatura/Teoria Literária), pela Universidade Federal do Rio de Janeiro (1997). Foi Professora de Letras e de Comunicação Social da PUC-Rio (até 2011) e atualmente é Professora Associada do Departamento de Letras da Faculdade de Formação de Professores da Universidade do Estado do Rio de Janeiro (2003), onde atua na graduação em Letras e na pós-graduação, como docente do Mestrado Profissional de Letras e do Programa de Mestrado do Instituto de Letras da UERJ. É editora-chefe (2012) da Revista SOLETRAS online (FFP/UERJ); autora dos livros *Onze anos de correspondência: os Machados de Assis*, resultado da pesquisa empreendida no Arquivo Machado de Assis, no Centro de Memória da Academia Brasileira de Letras, e *Leituras na contemporaneidade: olhares em trânsito*, em coautoria com Paulo Cesar de Oliveira. Suas pesquisas atuais derivam do Projeto Prociência (UERJ/Faperj) e são voltadas para análises e discussões da rede conceitual do pós-moderno, releituras de literatura na contemporaneidade, literatura comparada, brasileira, literatura e cinema e ensino de literatura.

VINÍCIUS MACEDO TEODORO

Graduado em Letras, com habilitação para licenciatura em Língua Portuguesa, pela Universidade Federal de Minas Gerais (UFMG). Professor efetivo da rede pública de Lavras (MG), na Escola Municipal Prof. José Luiz de Mesquita. Professor bolsista do projeto Investigações sobre lacunas na formação literária do estudante da educação básica e sobre a formação de professores de literatura, financiado pela parceria Capes/Fapemig e coordenado pela professora Andréa Portolomeos (DCH/UFLA).

Apresentação da coleção

A sociedade em que vivemos hoje é um espaço dos lugares virtuais, do dinamismo, da diversidade, mas também do consumo, da compra da felicidade e do seu envelhecimento para ser trocada por outra. Formar o sujeito em dias como esses é nos colocarmos no lugar do risco, da complexidade e do vazio que vem a ser preenchido pelos vários sentidos que esse sujeito existente produz nos espaços em que circula, mas que não são fixos. A escola é hoje um desses espaços. Em outras épocas, em lógicas anteriores, ensinar o conteúdo em detrimento da falta de conteúdo bastava; a escolha era entre aprovar e reprovar, entre a verdade e a mentira. Agora, o trabalho dessa mesma escola (ou de outra escola) é produzir o desenvolvimento desse sujeito no cruzamento de suas necessidades individuais com as do coletivo, do seu modo de aprendizagem com o modo coletivo, do local harmonizado com o global. Isso faz do ensino um trabalho árduo para contemplar essas adversidades e poder desenvolver um trabalho competente a partir delas.

Se a sociedade e a escola estão nessas dimensões, ao pensarmos em uma modalidade específica como o Ensino Médio, temos um exemplo em maior potencial de um lugar esvaziado pela história e pelas políticas educacionais. Qual a função do ensino médio em meio ao ensino fundamental e à graduação, em meio à infância, à pré-adolescência e à fase adulta? O objetivo centra-se na formação para o trabalho, para o mundo do trabalho, para os processos seletivos de entrada em universidades, para uma formação humanística ou apenas uma retomada com maior complexidade do ensino fundamental?

Em meio a esses questionamentos, surgiu o projeto dessa coleção, voltado especificamente para pensar metodologias pedagógicas para as diversas áreas que compõem o ensino médio. A questão central que se colocava para nós no início não era responder essas perguntas, mas sistematizar uma proposta, nas diversas áreas, que pudesse, ao seu término, produzir um discurso que preenchesse o espaço esvaziado dessa modalidade de ensino e que, de certa forma, se mostrasse como emblemático da discussão, propiciando outros questionamentos a partir de um lugar já constituído.

Por isso, nesta coleção, o professor que já atua em sala e o professor em formação inicial poderão ter contato com um material produzido a partir das pesquisas e reflexões de vários professores e pesquisadores de diversas instituições de pesquisa e ensino do Brasil que se destacaram nos últimos anos por suas contribuições no avanço da educação.

Aqui, a proposta contempla não formas e receitas para se trabalhar conteúdos, mas metodologias e encaminhamentos pedagógicos que possam contribuir com a reflexão do professor acerca do seu trabalho local em relação ao coletivo, bem como os objetivos de aprendizagens nas diversas instituições que formam professores.

Nossos pilares para a construção desse material foram definidos a partir das pesquisas já desenvolvidas, focando, primeiro, a noção de formação de um sujeito transdisciplinar/interdisciplinar, pois concordamos que o foco do ensino não deve ser desenvolver este ou aquele conteúdo, mas este e aqueles sujeitos. Por isso, entendemos que o ensino passou de um paradigma que era centrado no conteúdo para outro que era centrado no ensino e que agora é centrado na aprendizagem. Por isso, tendo como centro o sujeito e a sua aprendizagem, as propostas são construídas de forma a servirem de ponto de partida para a ação pedagógica, e não como roteiro fixo de aprendizagem, pois, se as aprendizagens são diferentes, todos os trabalhos precisam ser adaptados às suas realidades.

Essa ação pedagógica procura primar pelo eixo experiência--reflexão. Amparada pela história e por um ensino tradicional, a escola ainda reproduz um modelo puramente intelectivo sem, no entanto, oportunizar a experiência. Nela, ainda se faz a reflexão sobre uma experiência que não se viveu. O caminho que propomos aqui leva ao inverso: propor a experiência para os alunos e depois fazer a reflexão, seguindo o próprio caminho que faz com que a vida nos ensine. Vivemos as experiências no mundo e aprendemos com ela. À escola cabe sistematizar essa reflexão sem nunca negar a experiência.

Se o sujeito e suas experiências são centrais, a diversidade dos sentidos apresentará um modelo bastante complexo de discussão, sistematização e encaminhamento pedagógico. A diversidade contempla as diferentes histórias, de diferentes lugares, de diferentes etnias, gêneros, crenças etc., mas só com ela presente em sala de aula podemos fazer com que esse sujeito veja sentido naquilo que aprende e possa construir um caminho para a vida a partir de sua diversidade.

Assim, pensamos, enfim, em contribuir com o ensino médio como um lugar cuja maturidade possibilite a ligação entre uma experiência de vida que se abre para o mundo, uma experiência local, familiar, muitas vezes protegida, que se abre para um mundo de uma ação de trabalho coletiva, democrática, centrada no outro, das adversidades das escolhas universitárias, mas também não universitárias, de outros caminhos possíveis, de um mundo de trabalho ainda opressor, mas que pode ser emancipador. E, nesse espaço, queremos refletir sobre uma possibilidade de função para o ensino médio.

Agradecemos a escolha e convidamos todos a refletir sobre esse mundo conosco.

Márcio Rogério de Oliveira Cano
Coordenador da coleção

Prefácio

Este livro se propõe a dar uma contribuição aos estudos literários no Ensino Médio, partindo dos desafios que a prática docente desse conteúdo apresenta ao professor de língua portuguesa. Como está reconhecido nos documentos oficiais da educação, o ensino da literatura é imprescindível para a formação plena do cidadão, uma vez que ele estimula e exercita os componentes emocionais e sensíveis inerentes ao indivíduo, geralmente negligenciados pela formação tecnicista que prima pelo desenvolvimento da razão lógico pragmática. Nesse sentido, avalia-se haver uma distorção no pensamento segundo o qual a capacitação técnica do aluno prescinde do investimento no exercício da sua subjetividade, pois é através dessa última que o indivíduo se torna criativo, apto para resolver problemas inesperados em qualquer âmbito de sua vida e maduro emocionalmente para lidar com as adversidades do mundo.

Os textos apresentados aqui discutem problemas constatados no ensino da literatura em sala de aula no Ensino Médio. Trata-se de diagnósticos realizados pela própria equipe autora deste material, seja através de projetos de pesquisa e extensão – sediados em diferentes universidades públicas – aos quais ela está vinculada, seja através da atuação diária de parte desses professores no contexto escolar. Nesse sentido, são muitas as questões que merecem destaque. Dentre elas, foram selecionadas as que, geralmente, mais provocam os professores de literatura. Primeiramente, como e por que delimitar um espaço nas aulas de português para a leitura literária? Há uma especificidade do texto literário que o diferencie de textos não literários? De que maneira selecionar um texto literário para o trabalho em sala de aula? De que modo se podem favorecer os recursos oferecidos pela escola e pela comunidade – como a biblioteca e o livro didático – no estímulo para a leitura literária? Em que medida as diretrizes da educação para o ensino de literatura, encontradas nos documentos oficiais para o Ensino Médio, promovem uma prática docente satisfatória? Como trabalhar e inserir os novos conteúdos curriculares de literatura e cultura, como é o caso da literatura africana de expressão portuguesa, nas aulas de literatura, sem perder de vista o viés estético que essas aulas precisam conter? De que maneira novas metodologias no ensino de literatura – como por exemplo, a metodologia comparativista entre literatura e outras artes, literatura e tecnologia – podem incitar uma nova relação, mais dinâmica e mais atualizada, dos alunos com o texto literário?

Essas são algumas das questões abordadas neste livro. Não se tem, é claro, a pretensão de esgotá-las aqui, mas de iniciar um debate que necessita ser apoiado pelos professores de literatura no Ensino Médio, tendo em vista o declínio na aprendizagem de um conhecimento indispensável no desenvolvimento da subjetividade do aluno, atrofiada muitas vezes pela já referida formação pragmática. Como nos ensina o mestre Antonio Candido, todos devem ter direito à literatura, a uma formação que estimule sua subjetividade sob pena de permanecerem à margem socialmente à medida que são limitados, restringidos, nas suas potencialidades de expressão.

Uma boa leitura a todos!

Prof.ª Andréa Portolomeos
Organizadora do volume

Conteúdo

1. CONCEPÇÕES DE LITERATURA NOS DOCUMENTOS OFICIAIS E FORMAÇÃO DO SUJEITO NO ENSINO DE LITERATURA 19

   1.1 A LITERATURA NOS DOCUMENTOS OFICIAIS 19

   1.2 A OPÇÃO PELA LITERATURA 22

   1.3 A LITERATURA NA ESCOLA 22

   1.4 A TEORIA LITERÁRIA APLICADA EM SALA DE AULA 25

   1.5 UMA PROPOSTA PARA O TRABALHO EM SALA DE AULA 28

   PARA FINALIZAR 32

   REFERÊNCIAS BIBLIOGRÁFICAS 32

2. LEITURA DE TEXTOS LITERÁRIOS E NÃO LITERÁRIOS: A EMOÇÃO COMO ELEMENTO IMPRESCINDÍVEL PARA UMA FORMAÇÃO CRÍTICA 35

   2.1 A EMOÇÃO NO POEMA: DO AUTOR AO LEITOR 35

   2.2 TRÊS POEMAS E TRÊS EXPERIÊNCIAS DA EMOÇÃO 41

   2.3 A EMOÇÃO NO TEXTO LITERÁRIO EM PROSA 45

   2.4 PROPOSTA DE TRABALHO EM SALA DE AULA 47

   2.5 A EMOÇÃO NO TEXTO LITERÁRIO: UM ENCONTRO ENTRE AUTOR, PROFESSOR E ALUNO 49

   REFERÊNCIAS BIBLIOGRÁFICAS 50

3. OS GÊNEROS LITERÁRIOS COMO ESTRATÉGIA PEDAGÓGICA PARA O DESENVOLVIMENTO DA SUBJETIVIDADE: A SELEÇÃO DO TEXTO LITERÁRIO PARA SALA DE AULA 53

   3.1 A LITERATURA E O DESENVOLVIMENTO PLENO DO INDIVÍDUO 53

   3.2 OS GÊNEROS LITERÁRIOS EM SALA DE AULA 56

   3.3 TRAZENDO A QUESTÃO PARA O DIA A DIA DO PROFESSOR E DO ALUNO 59

   PARA FINALIZAR 64

   REFERÊNCIAS BIBLIOGRÁFICAS 65

16 Literatura e subjetividade

4. LITERATURA E OUTRAS ARTES, UMA CONTRIBUIÇÃO À DISCUSSÃO 67

4.1 LITERATURA EM DIÁLOGO 69

4.2 LITERATURA EM RECRIAÇÃO 72

4.3 LITERATURA EM COMBINAÇÃO 76

PARA FINALIZAR 84

REFERÊNCIAS BIBLIOGRÁFICAS 84

5. ENTRE O FOGO E A FUMAÇA – A LITERATURA E O TEXTO DE ENTRETENIMENTO: POR QUE O PROFESSOR NÃO DEVE NEGLIGENCIAR ESSA DIFERENÇA NO ENSINO DE LITERATURA NA FORMAÇÃO DA SUBJETIVIDADE DO ALUNO? 87

5.1 INTRODUÇÃO 87

5.2 ENTRE A DISTÂNCIA E A PROXIMIDADE: LITERATURA, CLÁSSICO, CÂNONE *VERSUS* CULTURA DE MASSA, INDÚSTRIA CULTURAL, ENTRETENIMENTO 89

5.3 OUTRAS EXPERIÊNCIAS NAS AULAS DE LITERATURA: ABRINDO OLHOS E OUVIDOS A RELEITURAS, INTERMÍDIAS, INTERARTES 92

5.4 A FORMAÇÃO DA SUBJETIVIDADE DO ALUNO 96

PARA FINALIZAR 98

REFERÊNCIAS BIBLIOGRÁFICAS 101

6. PARCERIA ENTRE BIBLIOTECA PÚBLICA E ESCOLA: UM CAMINHO PARA A FORMAÇÃO ESTÉTICA DO LEITOR NO ENSINO MÉDIO 105

6.1 BIBLIOTECAS PÚBLICAS E DEMOCRACIA: O DIREITO DE LER 106

6.2 EXPERIÊNCIA ESTÉTICA E LEITURA NA BIBLIOTECA E NA ESCOLA 107

6.3 PARCERIAS ENTRE BIBLIOTECAS E ESCOLAS 110

6.4 PRÁTICAS DE LEITURA E FORMAÇÃO ESTÉTICA: ROMPENDO BARREIRAS ENTRE A SALA E A BIBLIOTECA 111

6.5 VISITA ORIENTADA À BIBLIOTECA 112

6.6 PROJETO "CRÍTICO LITERÁRIO" 113

6.7 PROJETO *"PODCAST* LITERÁRIO" 113

6.8 PROJETO ENTREVISTA LITERÁRIA 115

PARA FINALIZAR 115

REFERÊNCIAS BIBLIOGRÁFICAS 116

7. AS NOVAS TECNOLOGIAS COMO RECURSO NA SALA DE AULA PARA ENSINO DE LITERATURA E DESENVOLVIMENTO DA SENSIBILIDADE DISCENTE 119

7.1 OS ESTÍMULOS PRESENTES NAS TICS E NOS TEXTOS LITERÁRIOS 120

7.2 O SIGNO UTILITÁRIO E O SIGNO ESTÉTICO 121

7.3 UM POUCO SOBRE SEMIÓTICA 122

7.4 AS TICS E A LITERATURA 125

7.5 PROPOSTA DE ATIVIDADE 126

PARA FINALIZAR 130

REFERÊNCIAS BIBLIOGRÁFICAS 131

8. AS DIRETRIZES DOS PARÂMETROS CURRICULARES NACIONAIS (PCN)
E DOS DOCUMENTOS OFICIAIS DE EDUCAÇÃO PARA O ENSINO DE
LITERATURA E UMA EFETIVA PRÁTICA DOCENTE PARA A FORMAÇÃO
DA SUBJETIVIDADE DISCENTE 133

8.1 PARÂMETROS CURRICULARES NACIONAIS 133

8.2 ORIENTAÇÕES CURRICULARES DO ENSINO MÉDIO (OCEM) 137

PARA FINALIZAR 141

REFERÊNCIAS BIBLIOGRÁFICAS 141

9. O LIVRO DIDÁTICO DE LITERATURA PARA O ENSINO MÉDIO COMO RECURSO
PARA O PROFESSOR NA FORMAÇÃO DA SUBJETIVIDADE DO ALUNO:
VANTAGENS E LIMITES 143

9.1 A ATUAL SITUAÇÃO DA LITERATURA EM SALA DE AULA 143

9.2 REFLEXÕES SOBRE A ABORDAGEM DA ARTE LITERÁRIA NO LIVRO
DIDÁTICO 146

9.3 POSSIBILIDADES DE TRABALHO 151

PARA FINALIZAR 155

REFERÊNCIAS BIBLIOGRÁFICAS 156

10. A INCLUSÃO DAS CULTURAS AFRICANA E INDÍGENA NAS AULAS DE
LITERATURA: COMO FAZER ISSO NA PERSPECTIVA DE UM ESTUDO
ESTÉTICO DO TEXTO LITERÁRIO PARA A FORMAÇÃO DO SUJEITO? 159

10.1 CULTURAS AFRO-BRASILEIRA E INDÍGENA: IMPLICAÇÕES
ESCOLARES 159

10.2 LITERATURAS AFRO-BRASILEIRA E INDÍGENA 161

10.3 LITERATURAS NA ESCOLA: CONSIDERAÇÕES E ABORDAGENS 164

10.4 PROPOSTA DE TRABALHO EM SALA DE AULA 165

PARA FINALIZAR 170

REFERÊNCIAS BIBLIOGRÁFICAS 170

1

Concepções de literatura nos documentos oficiais e formação do sujeito no ensino de literatura

Eduardo da Silva de Freitas

1.1 A LITERATURA NOS DOCUMENTOS OFICIAIS

O papel da literatura na formação do aluno que está cursando a etapa final da Educação Básica nem sempre é claro, e a leitura dos documentos oficiais pode gerar confusão em quem ensina a disciplina. Ao se deparar, por exemplo, com a ideia de que o processo educacional promovido pela escola deve, conforme prescrito no parágrafo 2º do artigo 1 da Lei de Diretrizes e Bases da Educação Nacional (LDBEN), "vincular-se ao mundo do trabalho e à prática social" (BRASIL, 1996, p. 27833), tem-se a impressão de que a literatura fica um tanto deslocada na composição dos conhecimentos necessários a que o aluno deve ter pleno acesso. Se há algo que o mundo do trabalho e a prática social não exigem nem incentivam é que se leia literatura.

A sensação parece aumentar com a leitura dos artigos 26, 27, 35 e 36 e todos os seus parágrafos e incisos. Dispensando-se a citação completa do texto, é importante dizer que as partes mencionadas não dão nenhuma indicação explícita de que a literatura deva constar do currículo. De modo geral, o mais próximo que se chega de uma referência à disciplina está mais ou menos sintetizado no inciso I do artigo 36, que menciona ser diretriz do Ensino Médio proporcionar a compreensão "das letras e das artes" e destacar "a língua portuguesa como instrumento de comunicação, acesso ao conhecimento e exercício da cidadania" (BRASIL, 1996, p. 27837). Ou seja, a declaração refere-se à literatura apenas tangencialmente, de modo que se pode pensar que o conteúdo dessa disciplina esteja incluído nos estudos de língua portuguesa

> **Das letras e das artes:** O termo "letras" é antigo e remete à ideia de "belas-artes". Historicamente, referia-se a qualquer texto considerado belo o suficiente para servir de modelo de boa escrita, que poderia ser de filosofia, história, poesia etc. A partir do século XIX, começou a ser confundido com poesia, narrativas ficcionais e teatro e deu lugar à palavra "literatura".

e deva contribuir para que o educando se torne um trabalhador produtivo e socialmente responsável.

O mesmo espírito da lei está contido nos Parâmetros Curriculares Nacionais para o Ensino Médio (PCNEM) da área de Linguagens, Códigos e suas Tecnologias, publicados em 2000. Por um lado, os conteúdos de literatura estão incluídos nos conhecimentos de língua portuguesa, em uma configuração em que a "literatura integra-se à área de leitura" (BRASIL, 2000, p. 18). Por outro lado, reiteram-se continuamente as disposições legais prescritas pela LDBEN, concentradas na formação para o trabalho e atuação social. Prevendo uma possível estranheza à maneira como dispõe os conteúdos da área, o próprio texto tenta justificar-se: "Ao ler este texto, muitos educadores poderão perguntar onde está a literatura, a gramática, a produção do texto escrito, as normas. Os conteúdos tradicionais foram incorporados por uma perspectiva maior, que é a linguagem, entendida como um espaço dialógico, em que os locutores se comunicam" (BRASIL, 2000, p. 23).

A pretensa justificativa "modernizante e crítica" do documento relegava a literatura a um conteúdo acessório e meramente servil ao desenvolvimento das capacidades comunicativas do aluno, adequando-a a uma compreensão estreita da proposta bakhtiniana de entendimento da linguagem como um espaço dialógico. As mesmas ideias são recuperadas pelos PCNEM+, publicados em 2002, que complementaram a publicação de 2000.

Em 2006, uma tentativa de superar o constrangimento imposto à literatura nos currículos do Ensino Médio foi feita nas Orientações Curriculares Nacionais para o Ensino Médio (OCNEM). Eram propostas de atuação voltadas para cada campo dos conhecimentos em que se dividiu o currículo nacional. No que concerne à área de Linguagens, Códigos e suas Tecnologias, há uma divisão clara entre conhecimentos de língua portuguesa e de literatura. Já nos parágrafos iniciais do capítulo II, os autores do documento declaram o teor do texto:

> *Embora concordemos com o fato de que a literatura seja um modo discursivo entre vários (o jornalístico, o científico, o coloquial, etc.), o discurso literário decorre diferentemente de outros, de um modo de construção que vai além das elaborações linguísticas usuais, porque de todos os modos discursivos é o menos pragmático, o que menos visa a aplicações práticas. Uma de suas marcas é sua condição limítrofe, que outros*

Dialógico: A ideia de "dialogismo" em Bakhtin é bastante complexa. Simplificando para os interesses deste texto, pode-se dizer que se refere à relação do indivíduo com os textos (orais ou escritos) com que toma contato, de acordo com a prática social que desempenha, e ao modo como interage com esses mesmos textos, segundo suas experiências anteriores constituídas pelo contato com outros textos e proporcionadas por outras atuações sociais. Nesse sentido, a ideia de "diálogo" proposta entre leitor e texto ultrapassa em muito a ideia de comunicação que os PCN veiculam.

Capítulo 1 Concepções de literatura nos documentos oficiais e formação do sujeito no ensino... 21

denominam transgressão, que garante ao participante do jogo da leitura literária o exercício da liberdade, e que pode levar a limites extremos as possibilidades da língua (BRASIL, 2006, p. 49).

Em relação aos PCNEM, o avanço é significativo. Em primeiro lugar, porque ressalta a especificidade do objeto literário, na medida em que aponta não ser ele um tipo de discurso qualquer. Além disso, aponta que a literatura não é só um discurso diferente, mas, sobretudo, superior, uma vez que excede os limites da comunicação, de sua redução utilitária, e faz que a língua esteja ligada à realização da liberdade do indivíduo, lembrando que a existência humana vai além do trabalho e da prática cívica.

Em verdade, o mérito das Orientações não está em suplantar a importância dessas duas dimensões da vida humana, mas sim em repropor os significados daqueles termos para incluir certos aspectos da existência que a visão utilitária não consegue atender. Assim, mais adiante, explicita a questão: "Viver para o trabalho sem que esse signifique fonte de prazer; querer que a escola prepare apenas para enfrentar o sofrimento cotidiano, principalmente para os não privilegiados, é, por um lado, resultado de uma poderosa e perversa máquina que parece determinar os caminhos a serem percorridos e, por outro, o determinante desses caminhos" (BRASIL, 2006, p. 51).

Com essa perspectiva, o documento consegue achar uma justificativa na LDBEN para indicar a importância do ensino de literatura, ao enfatizar a ideia do "aprimoramento do educando como pessoa humana", presente no inciso III do artigo 35 (BRASIL, 1996, p. 27837).

Para resumir o que foi apresentado até aqui, o papel da literatura no Ensino Médio é caracterizado de duas maneiras distintas nos documentos que regem a Educação Básica no Brasil. Por um lado, a literatura aparece como conteúdo servil, reduzida a seus aspectos mais utilitários, interessante na medida em que prepara o indivíduo para o trabalho e para a vida prática. Essa é a perspectiva predominante nos PCNEM – e vale dizer que na LDB nem sequer é mencionada. De outra parte, partindo da ideia de que a existência humana não se limita ao trabalho e à vida prática, tem-se o entendimento de ser a literatura um tipo de conteúdo capaz de possibilitar ao educando aprimoramento como sujeito, visto que atende a necessidades que são distintas das que se satisfazem com a vida laboral e cívica. Esse é o entendimento das OCNEM.

1.2 A OPÇÃO PELA LITERATURA

O que foi exposto até aqui tem a finalidade de deixar manifesto o ponto de vista a ser adotado no presente texto, que parte da mesma ideia que empolgou os autores das OCNEM. De fato, são elas que pressupõem que a literatura tem um papel decisivo a jogar na formação dos sujeitos e permite ao professor exercer plenamente seu papel de educador.

No entanto, a distinção e a escolha feitas não encerram o problema do ensino de literatura. Pelo contrário, são apenas o ponto de partida para que se pense a questão e se coloque claramente o papel que a literatura pode jogar na formação do sujeito. O primeiro problema a enfrentar é justamente lidar com um conceito tão escorregadio quanto "literatura". Outro problema, não menos importante, consiste em como abordar o texto literário em sala de aula, procurando aproveitar as concepções veiculadas sobre a literatura, especialmente da crítica literária, que prosperaram ao longo do século XX, para que se garanta o direito do educando de aprimorar-se como pessoa humana. Além dessas, há muitas outras questões que poderiam ser levantadas. No entanto, o presente texto vai restringir-se a essas duas, sobretudo à segunda.

Trata-se, portanto, de apresentar aqui uma proposta de reflexão sobre os modos de abordagem do texto literário, apontando como as concepções de literatura podem auxiliar o professor a desenvolver certos aspectos da subjetividade de seus alunos, levando-o a entender o funcionamento do texto literário e potencializando a capacidade dos estudantes de experimentar o prazer estético. Posteriormente a essa exposição, faz-se uma proposta de abordagem de textos literários com o intuito de explicitar os conceitos e as ideias levantados. Sobre esse passo do texto, é preciso dizer que se trata apenas de uma sugestão, uma possibilidade de intervenção, que pode servir de apoio às práticas efetivas de sala de aula. Passa longe qualquer intenção prescritiva, fechada e simplificadora da realidade, que, se não convém no ensino de outras disciplinas, seria desastrosa no caso da literatura.

1.3 A LITERATURA NA ESCOLA

Já foi apontado que o primeiro problema a ser enfrentado no ensino de literatura está em delimitar um conceito do objeto de

Capítulo 1 Concepções de literatura nos documentos oficiais e formação do sujeito no ensino... 23

estudo a ser apresentado aos alunos. O problema consiste efetivamente no fato de que "a literatura (fronteira entre o literário e o não literário) varia consideravelmente segundo as épocas e as culturas" (COMPAGNON, 2006, p. 32). Em boa medida, o sentido que se atribui ao termo hoje está muito distante do que lhe foi emprestado até fins do século XVIII, por exemplo. Nos cursos de Letras, aprende-se nas aulas de teoria da literatura que, às várias noções de literatura existentes desde a antiguidade, o século XX parece ter acrescentado inúmeras outras.

Por um lado, diante da diversidade de noções com que entrou em contato ao longo de sua formação, o professor pode sentir-se tentado a inserir seus alunos em todo esse debate construído há boas dezenas de séculos. De outra parte, por causa dessa mesma circunstância, pode o professor sentir-se à vontade para não trabalhar com nenhuma ideia clara do objeto e aceitar a ideia de que tudo é literatura. É verdade que os dois procedimentos são prejudiciais ao processo de ensino-aprendizagem, já que o professor não terá clareza do objeto que vai apresentar aos educandos. Porém, a última é a menos aconselhável. Como normalmente acarreta a substituição da obra literária por um filme inspirado no texto, por adaptações em outros tipos de configuração textual (como narrativas transformadas em histórias em quadrinhos) e por músicas e propagandas, essa vertente priva o aluno de tomar contato com um texto realmente literário.

Tentando fugir do caos e da banalidade, as OCNEM sugerem claramente um conceito de literatura capaz de embasar as atividades em sala de aula. Segundo o documento, esse conceito compreende "as criações poéticas, dramáticas e ficcionais da cultura letrada" (BRASIL, 2006, p. 60), que representam a "arte em palavras" (BRASIL, 2006, p. 55). Isso significa que se deve desenvolver o trabalho a partir de narrativas ficcionais, dramas e poesias, que, por sua forma peculiar de organização da linguagem, podem despertar no leitor o prazer estético.

A definição clara dos gêneros que devem ser foco dos estudos e seu relacionamento com o prazer estético oferecem parâmetros seguros para o trabalho em sala de aula. Possibilitam ao professor especificar claramente as diferenças entre a literatura e os produtos culturais que se pretendem literários, mas que não passam de produtos de consumo descartável ou de caráter reivindicatório. Isso não quer dizer que textos como o de certas músicas amplamente difundidas, por exemplo, não possam ser considerados

Atividades em sala de aula: Embora o professor deva ter amplo conhecimento dos diversos conceitos de literatura, a prática de sala de aula exige que escolha um conceito passível de ser aplicado claramente para sujeitos que precisam construir diversos conhecimentos antes de poderem entender os conflitos teóricos que perpassam o campo de estudo da literatura. A prática de sala de aula nesse nível de ensino exige uma seleção das teorias ou de seus aspectos no sentido de proporcionar ao aluno o melhor ambiente para a construção de sua aprendizagem.

literários. Certamente o são, desde que atendam a critérios específicos. Como indicam as OCNEM:

> *Qualquer texto escrito, seja ele popular ou erudito, seja expressão de grupos majoritários ou minoritários, contenha denúncias ou reafirme o* status quo, *deve passar pelo mesmo crivo que se utiliza para os escritos canônicos: Há ou não intencionalidade artística? A realização correspondeu à intenção? Quais os recursos utilizados para tal? Qual seu significado histórico-social? Proporciona ele o estranhamento, o prazer estético? (BRASIL, 2006, p. 57).*

Embora seja um tanto difícil determinar o que deve ser considerado literário tendo em vista a própria historicidade dos critérios de julgamento, o fato é que "na maioria das vezes é possível discernir entre um texto literário e um texto de consumo, dada a recorrência, no último caso, de clichês, de estereótipos, do senso comum, sem trazer qualquer novo aporte" (BRASIL, 2006, p. 57). É pensando nisso que o professor pode responder às questões dos alunos sobre por que os textos de certo autor são considerados literatura, enquanto os escritos de outro não são incluídos nesse conceito. Além do mais, à medida que tem contato com textos literários e desenvolve sua capacidade de lê-los com autonomia, o próprio aluno é capaz de notar tais diferenças.

A menção ao caráter mais simplista dos textos de consumo faz ressaltar a relação entre o texto literário e o prazer estético. O efeito provocado pelo texto literário não se esgota na mera satisfação dos anseios do leitor para descobrir o que está em seu desfecho. Ao contrário, a sensação por ele possibilitada ativa não só as emoções como também a inteligência. O prazer estético é um tipo de disposição psíquica que abarca amplamente as faculdades humanas, o que o distingue do simples divertimento. Nesse sentido, é mesmo significativo o fato de muitos textos literários suscitarem incômodo ou desconforto, sem que isso impeça que os leitores continuem a lê-los e relê-los. Com efeito, isso só é possível porque o prazer estético não se confunde com o fácil da diversão. O crítico literário Roland Barthes, em seu livro *O prazer do texto*, relaciona os tipos de sensações que acometem o leitor ao ler os textos literários. Ele caracteriza esses tipos como "texto de prazer" e "texto de fruição":

> *Texto de prazer: aquele que contenta, enche, dá euforia; aquele que vem da cultura, não rompe com ela, está ligado a*

Incômodo ou desconforto: Os desconfortos e incômodos podem ser de natureza diversa. Por vezes, é a própria construção linguística do texto; outras vezes, são os valores veiculados. De qualquer modo, o leitor sente a vontade de prosseguir a leitura, porque sente prazer no modo pelo qual aquele texto ativa sua imaginação, isto é, proporciona-lhe prazer estético. Podem ser citados como exemplo os romances e os contos de Clarice Lispector.

uma prática confortável de leitura. Texto de fruição: aquele que põe em estado de perda, aquele que desconforta (talvez até um certo enfado), faz vacilar as bases históricas, culturais, psicológicas do leitor, a consistência de seus gostos, de seus valores e de suas lembranças, faz entrar em crise sua relação com a linguagem (BARTHES, 2010, p. 20-21, grifo do autor).

Como se pode ver pelas palavras de Barthes e como, porventura, já se tenha experimentado, enquanto alguns tipos de textos literários são reconfortantes, outros são desestabilizadores (como, por exemplo, os romances de José de Alencar e de Oswald de Andrade). No entanto, todo texto literário, seja um texto de prazer, seja um texto de fruição, usando as palavras de Barthes, propõe mais do que um entretenimento. Nesse sentido, a concepção de literatura proposta nas Orientações Curriculares torna-se extremamente relevante na medida em que, ao inserir no conceito de literatura a ideia de prazer estético, indica o papel que a literatura desempenha para a plena formação da subjetividade do educando.

1.4 A TEORIA LITERÁRIA APLICADA EM SALA DE AULA

A concepção de literatura adotada neste texto é a mesma que está nas Orientações Curriculares para o Ensino Médio. Consiste em conceber a obra literária como um tipo de texto cuja linguagem é organizada de maneira específica, alheia a fins pragmáticos imediatos, e capaz de suscitar o prazer estético. No entanto, é preciso que se tenha clareza entre o conceito empregado para definir o objeto de trabalho e as práticas efetivas em sala aula.

Partindo do conceito apresentado, pode-se perceber a existência de esferas distintas da atuação do professor com relação aos processos de ensino-aprendizagem de literatura. Considerando que deve trabalhar efetivamente com textos literários e não com textos de consumo, é mais provável que o professor consiga fazer o aluno entender a organização peculiar de um texto literário do que o levar a experimentar o prazer estético. De fato, pode ocorrer que, diante de um texto literário, o aluno não sinta prazer estético. Além disso, os alunos podem experimentá-lo por motivos absolutamente diferentes. Entretanto, é exatamente por isso que o professor deve levar aos alunos o maior número possível de textos literários. Quanto mais variadas forem as obras literárias apresentadas aos alunos, maiores serão as chances de os alunos, em algum momento, experimentarem o prazer estético.

Prazer estético: Sendo disposição psíquica, o prazer estético é uma experiência individual. No entanto, todo ser humano é capaz de aceder a essa experiência. A individualidade consiste apenas no fato de que os caminhos que o leitor percorre para atingi-la são pessoais e historicamente definidos, mas a possibilidade de ativar a imaginação sem finalidades práticas e imediatas é comum a todo ser humano.

De outra parte, no campo que pode e precisa realmente controlar, tendo em vista que a escola prevê a construção organizada de conhecimento, o professor deve mobilizar os conhecimentos necessários para esclarecer aos alunos os procedimentos artísticos que envolvem o texto literário. Nesse sentido, como registram as OCNEM, os conhecimentos teóricos sobre o objeto literário não podem ser negligenciados, já que, "além de mediador de leitura, portanto leitor especializado, também se requer do professor um conhecimento mais especializado no âmbito da teoria literária" (BRASIL, 2006, p. 57).

Tendo isso em vista, faz-se uma breve consideração sobre como a teoria da literatura pode ser aplicada em sala de aula, a fim de que o aluno possa entender o funcionamento da linguagem literária e estar em condições de experimentar o prazer estético. Não se trata de deslindar as diversas propostas que passaram a ganhar espaço desde o século XIX, mas sim de entender em linhas gerais o proveito que se pode tirar para a atuação em sala de aula. Assim, as observações são dedicadas a apreender os pressupostos básicos das correntes interpretativas que tiveram lugar no século XX e não se insiste tanto nas divergências que apresentam, buscando ressaltar a complementaridade das propostas teóricas para a atividade em sala de aula.

Em termos gerais, pode-se dizer que a teoria da literatura ao longo do século XX desenvolveu-se a partir de duas ideias básicas sobre a natureza do texto literário. Embora partissem do pressuposto de que a literatura se caracteriza por um trabalho especial com a linguagem, uma das concepções entendia que a interpretação do texto literário devia concentrar-se, sobretudo, na materialidade linguística da obra, enquanto a outra propunha que a explicação do texto devia levar em consideração elementos presentes no mundo externo à obra. A primeira tendência concebe o texto literário como objeto fechado em si mesmo, autossuficiente, e é a base de correntes teóricas como o Formalismo Russo, o New Criticism (Nova Crítica), a Estilística e o Estruturalismo. A outra, estuda o texto literário em sua relação com a sua sociedade, pressupondo que o sentido de uma obra não se esgota na maneira específica de trabalhar a linguagem. Essa maneira de pensar é a base de correntes teóricas como a Teoria Marxista, a Teoria Sociológica e a Estética da Recepção.

As propostas teóricas que conceberam o texto literário como um objeto fechado sobre si mesmo contribuíram imensamente para a caracterização dos diversos gêneros literários. Ofereceram

Capítulo 1 Concepções de literatura nos documentos oficiais e formação do sujeito no ensino...   27

um repertório conceitual significativo para a identificação dos elementos que integram determinado gênero, que vão desde aspectos fonético-fonológicos até tipificação de narradores. São conceitos que se prestam extremamente bem para a compreensão da organização do texto literário a partir de sua dimensão linguística. Basta que se lembre que, por exemplo, o próprio conceito de "função poética da linguagem", proposto por Roman Jakobson, é forjado a partir desses pensamentos. Além disso, mostram como a organização dos elementos linguísticos de uma obra literária está direcionada para despertar no leitor certas emoções. São os casos, por exemplo, do ritmo e da sonoridade de alguns poemas ou do ponto de vista adotado para narrar uma história, isto é, se o narrador é em primeira ou terceira pessoa, se é onisciente ou não etc.

As correntes teóricas que concebem a literatura em sua relação com a sociedade abrem outra perspectiva para a apreensão da obra literária. Podem ser proveitosas para explicar o modo pelo qual se constrói a representação efetuada no texto, apontando como aspectos exteriores à obra são nela incorporados. Nesse caso, essas teorias contribuem para que se note a dimensão sócio-histórica da literatura e do gosto literário. Ao propor interpretações que justificam o uso de recursos linguísticos, de temáticas ou de formas literárias em relação a fenômenos culturais mais amplos, permitem que se entendam as mudanças que acontecem no campo da literatura em interdependência com manifestações que perpassam outros campos sociais. Desse modo, pode-se lembrar que a temática da poesia simbolista brasileira do começo do século XX, frequentemente identificada com a evasão e com a fuga da realidade, não deixa de ser representativa da situação marginal a que os poetas estavam relegados.

Embora, em termos teóricos, essas sejam tendências que normalmente estão em conflito, o fato é que, no processo de ensino-aprendizagem, ambas podem auxiliar na formação dos alunos. Aliadas na prática pedagógica, são proveitosas para aguçar a sensibilidade dos alunos, capacitando-os a compreender amplamente a realidade em que vivem. O conhecimento e a compreensão do potencial estético – fora de toda implicação pragmática imediata – da linguagem, tanto em seu aspecto propriamente linguístico quanto em sua dimensão social, abrem, por exemplo, possibilidade para que os sujeitos percebam como se constroem e se fixam os sentidos daquilo que se chama realidade, levando ao questionamento de conceitos, de definições e de estereótipos simplistas e automáticos. Dão acesso ao transitivo da vida, que não pode ser reduzida a dimensões do trabalho e prática social.

1.5 UMA PROPOSTA PARA O TRABALHO EM SALA DE AULA

As considerações feitas até aqui servem de base para que se entenda a proposta de intervenção apresentada. Trata-se de uma sugestão para trabalhar nas aulas de literatura que tem um caráter mais ilustrativo do que impositivo. Além do mais, os comentários expostos devem ser considerados como uma leitura que está longe de esgotar as possibilidades interpretativas dos textos e as relações que se podem estabelecer entre si. Aos textos mencionados aqui, podem ser acrescentados inúmeros outros, de gêneros literários diferentes, e construídas várias relações, o que certamente enriquece muito a experiência de leitura literária.

Texto 1

Pintura admirável de uma beleza

Vês esse Sol de luzes coroado?

Em pérolas a Aurora convertida?

Vês a Lua de estrelas guarnecida?

Vês o Céu de Planetas adorado?

O Céu deixemos; vês naquele prado

A Rosa com razão desvanecida?

A Açucena por alva presumida?

O Cravo por galã lisonjeado?

Deixa o prado; vem cá, minha adorada,

Vês desse mar a esfera cristalina

Em sucessivo aljôfar desatada?

Parece aos olhos ser de prata fina?

Vês tudo isto bem? Pois tudo é nada

À vista do teu rosto, Caterina.

(MATOS, 1999, p. 880)

Texto 2

A mulher e a casa

Tua sedução é menos
de mulher do que de casa:
pois vem de como é por dentro
ou por detrás da fachada.

Mesmo quando ela possui
tua plácida elegância,
esse teu reboco claro,
riso franco de varandas,

uma casa não é nunca
só para ser contemplada;
melhor: somente por dentro
é possível contemplá-la.
Seduz pelo que é dentro,
ou será, quando se abra;
pelo que pode ser dentro
de suas paredes fechadas;

pelo que dentro fizeram
com seus vazios, com o nada;
pelos espaços de dentro,
não pelo que dentro guarda;

pelos espaços de dentro:
seus recintos, suas áreas,
organizando-se dentro
em corredores e salas,

os quais sugerindo ao homem

estâncias aconchegadas,

paredes bem revestidas

ou recessos bons de cavas,

exercem sobre esse homem

efeito igual ao que causas:

a vontade de corrê-la

por dentro, de visitá-la.

(MELO NETO, 1994, p. 241-242)

Os textos escolhidos são dois poemas de épocas diferentes. O primeiro, do século XVII, é um poema de Gregório de Matos; o segundo, do século XX, é de autoria de João Cabral de Melo Neto. Apesar da distância temporal, ambos se aproximam pela temática, na medida em que apresentam homens falando com mulheres sobre a beleza delas. Os dois textos assumem um tom elogioso e ao mesmo tempo nobre, o que, em termos literários, insere os poemas naquilo que se chama estilo elevado.

No entanto, apesar das semelhanças, as diferenças são também significativas e podem ser relacionadas à época de produção de cada poema. São notadas tanto nos aspectos linguísticos do texto como no modo de representação empregado. Embora os elementos que se apresentam à percepção atuem de modo conjunto, uma análise permite conhecer melhor o sentido de cada um dos textos e as possíveis relações que podem ser estabelecidas entre um e outro.

Em se tratando dos aspectos linguísticos dos textos, note-se que o Texto 1 é um soneto – forma historicamente consagrada ao tratamento de assuntos nobres, sobretudo de cunho amoroso – construído com rimas dispostas da seguinte maneira: ABBA ABBA CDC DCD. Ao empregar essa forma, o poema insere-se em uma tradição que prevê maneiras específicas de tratar a figura amada, caracterizadas, entre outros aspectos, pelo exagero ou pela hipérbole.

É possível notar que o poema mistura imagem e movimento. A organização do texto indica que o homem e a mulher, cha-

Capítulo 1 Concepções de literatura nos documentos oficiais e formação do sujeito no ensino...   31

mada Caterina, estão em campo aberto, pois parecem estar caminhando, conforme se pode perceber no trecho "vem cá, minha adorada", no primeiro verso do primeiro terceto. Termos como "céu", "prado" e "mar" evocam imagens de lugares amplos e abertos. Reforçando o aspecto imagético, é importante observar a recorrência do verbo "ver", explícito em seis versos e subentendido em todos os períodos do poema, e do substantivo "vista" no último verso.

O elogio se perfaz na constante referência à paisagem, cuja beleza se pode supor pela própria estrutura interrogativa dos períodos. Assim, o verso "Vês esse Sol de luzes coroado?" é antes um reconhecimento da beleza da imagem do que propriamente uma pergunta a que se deve responder com sim ou não. O que se sugere é que o Sol de luzes coroado é belo. A mesma estrutura repetida ao longo do poema indica que todos os elementos apontados são bonitos. Ao chegar aos dois últimos versos, a repetição de que a natureza é bela presta-se a mostrar que a beleza de Caterina é superior, uma vez que diante dela "tudo é nada".

O Texto 2 apresenta um aspecto formal bem diferente do anterior. Não se serve de uma estrutura tradicional, como o soneto, nem recorre a rimas. Por vezes, um período se estende por mais de uma estrofe, como é o caso do que começa no verso "Seduz pelo que é dentro" e se estende até o final do poema. No entanto, isso não significa que não apresente uma ordenação sistematizada, já que as estrofes são compostas de quatro versos.

À diferença quanto à disposição dos versos, pode ser acrescida a construção imagética do texto. As imagens não rementem a espaços, mas sim a um objeto específico: a casa. Todo o poema é construído a partir da descrição de uma residência que se confunde, desde os dois primeiros versos, com a mulher a quem o homem representado no poema se dirige. O texto tende para o alegórico, visto que o trecho "plácida elegância, / esse teu reboco claro, / riso franco de varandas" remete simultaneamente à mulher e à casa, de modo que os sentidos devem ser atribuídos aos dois seres que se encontram, em verdade, confundidos.

Pode-se reparar que o poema indica a beleza em uma dimensão que transcende o aspecto visual. Fala-se antes de sedução, que sugere, nesse contexto, o reconhecimento íntimo de que algo é belo e remete à atração mais próxima ao sentimental. Identificando a mulher com a casa e colocando a beleza nos termos da sedução – que, nesse caso, se entende como uma atração pela natureza íntima da mulher – a contemplação se liga à admiração pela disposição de espírito. É possível reparar que, no Texto 2, não se fala de paisagens externas, mas sim da casa como um lugar agradável com suas "estâncias aconchegadas". Em vez do espaço amplo e aberto presente no primeiro texto, tem-se o espaço íntimo e fechado, que remete às características da mulher como percebida pelo homem com quem fala.

Pela comparação dos dois poemas, nota-se que o primeiro é mais expansivo, tendendo para o exagero, ao passo que o segundo é mais contido. No poema de Gregório, a beleza da mulher é representada como algo literalmente sobrenatural, já que tudo é nada à vista do rosto de Caterina; no poema de João Cabral, a beleza é um fator interiorizado que se pode encontrar no contato íntimo com a mulher. Essas disposições podem ser relacionadas, em alguma medida, com os modos de se conceber a beleza na cultura ocidental. Foi bastante comum até o século XIX a beleza ser marcada por referências externas. No século XVII, não raro, os retratos poéticos das mulheres eram elaborados a partir da menção a pedras preciosas, raios de sol etc. Desde o século XIX, ganhou espaço certa compreensão da beleza que a situa em uma dimensão de superação da exterioridade, concebendo-a como imaterialidade ligada à virtude, à boa disposição de espírito, ao que se chama beleza interior. Assim, a representação da beleza presente em cada um dos textos pode ser remetida a ideias que circulam na sociedade.

PARA FINALIZAR

A formação plena do sujeito na sociedade não pode prescindir do ensino de literatura, uma vez que esta é capaz de proporcionar aos indivíduos acesso a um tipo de experiência que transcende as experiências cotidianas ligadas ao trabalho e à vida cívica. Ao entrar em contato com textos literários, isto é, textos que têm por finalidade o prazer estético a partir do trabalho de elaboração textual, o aluno tem a oportunidade de desenvolver sua sensibilidade, faculdade constitutiva de sua humanidade, e de poder compreender, sob outra perspectiva, a organização da sociedade em que vive. Uma prática pedagógica que não esteja atenta a isso tende a tornar o sujeito da aprendizagem um mero autômato.

REFERÊNCIAS BIBLIOGRÁFICAS

BRASIL. Lei nº 9.394, de 20 de dezembro de 1996. Estabelece as diretrizes e bases da educação nacional. **Diário Oficial da União**, Brasília, DF, 23 dez. 1996. p. 27833-27841.

_____. Ministério da Educação. Secretaria de Educação Básica. **Orientações Curriculares para o Ensino Médio:** Linguagens, Códigos e suas Tecnologia. Brasília, DF, 2006.

_____. Ministério da Educação. Secretaria de Educação Básica. **Parâmetros Curriculares Nacionais:** Ensino Médio. Brasília, DF, 2000.

BARTHES, Roland. **O prazer do texto**. São Paulo: Perspectiva, 2010.

COMPANGNON, Antoine. **O demônio da teoria:** literatura e senso comum. Belo Horizonte: Editora UFMG, 2006.

MELO NETO, João Cabral de. **Obra completa**. Rio de Janeiro: Nova Aguilar, 1994.

MATOS, Gregório de. **Obra poética**. Rio de Janeiro: Record, 1999. v. 2.

2

Leitura de textos literários e não literários: a emoção como elemento imprescindível para uma formação crítica

Fátima Cristina Dias Rocha

2.1 A EMOÇÃO NO POEMA: DO AUTOR AO LEITOR

Em uma primeira aproximação do tema desenvolvido neste texto – o papel indispensável da emoção na formação crítica do aluno em literatura –, podemos nos valer dos mais de trinta anos dedicados, em sala de aula, à leitura do texto literário. Ao longo desse percurso, aprendemos que, quando explorada pelo professor em seu convívio com o texto, a emoção potencializa o olhar crítico do aluno. Em outras palavras, envolver o aluno na emoção suscitada pelo texto e, mais ainda, capacitá-lo para a experiência dessa leitura emocionada são etapas da formação crítica do estudante, processo que pressupõe uma via de mão dupla, uma vez que, quanto mais fortalecida essa dimensão crítica, maior é a emoção proporcionada pelo texto. Compreendemos também, na prática diária da mediação entre texto literário e aluno, que a emoção é mais facilmente comunicável e apreensível no texto lírico. Neste ponto, é preciso dizer que se junta à aproximação inicial uma segunda que se faz pela via da teoria literária, a qual, sem dúvida, alimenta e enriquece a fruição – emotiva e estética – do texto.

Dando curso agora a essa outra via de acesso ao tema – que suplementa a aproximação inicial, pautada no corpo a corpo com o texto –, deve-se lembrar que, na teoria dos gêneros literários, a emoção costuma ser associada ao gênero lírico. Soares, por exemplo, aponta que, já em suas origens, os cantos líricos "vinham marcados pela emoção, pela musicalidade e pela eliminação do distanciamento entre o eu poético e o objeto cantado" (2001, p. 24). Afirma ainda a estudiosa:

> *Ao passar da forma somente cantada para a escrita, nesta se conservariam recursos que aproximariam música e palavra: as repetições de estrofes, de ritmos, de versos (refrão), de palavras, de sílabas, de fonemas, responsáveis não só pela criação das rimas, mas de todas as imagens que põem em tensão o som e o sentido das palavras (SOARES, 2001, p. 24).*

Enjambement: Recurso que consiste no trasbordamento sintático de um verso em outro; a pausa final do verso atenua-se, a voz sustém-se, e a última palavra de uma linha se conecta com a primeira da linha seguinte.

Assim, ao comentar os traços e as formas líricas de um poema de Vinicius de Moraes, Soares salienta que a *emoção lírica* se projeta nos arranjos especiais da linguagem, como o predomínio da coordenação, a ênfase na musicalidade, o emprego do *enjambement* e a utilização da expressão incompleta; todos recursos com que o poeta procura privilegiar o *caráter emocional* dos versos, que se convertem na *mimesis* de seu estado afetivo (todos os grifos são da autora).

Mimesis: conceito da teoria literária que se refere à recriação da realidade por meio da arte. Esse conceito assume que a obra artística é uma representação que, embora faça alusão à realidade, nunca se constitui como uma imitação fiel do real.

Os gêneros literários também são discutidos por Massaud Moisés (2012), que, além da distinção entre poesia e prosa, estabelece a diferença entre poesia lírica e épica. Referindo-se à primeira – aqui privilegiada e para a qual se usa a expressão poesia, sem o qualificativo "lírica", que fica subentendido –, o estudioso transcreve ao menos duas definições que identificam poesia e emoção: "poesia é a arte de comunicar a emoção humana pelo verbo musical" (WALTZ apud MOISÉS, 2012, p. 62) e "poesia é a expressão natural dos mais violentos modos de emoção pessoal" (MURRY apud MOISÉS, 2012, p. 62). Prosseguindo em sua explanação, o autor acrescenta que o poeta, desejoso de captar a emoção fugidia que o assalta, entrega-se ao combate verbal que dá vida ao poema: "Ao sistema harmônico de palavras [...] por intermédio das quais o 'eu' do poeta expressa o seu conteúdo e o seu intrínseco ritmo, dá-se o nome de *poema*. Este seria, pois, a tentativa que o poeta efetua de representar o seu mundo interior" (MOISÉS, 2012, p. 72, grifo do autor).

Corroborando as considerações de Moisés, o ensaísta Octavio Paz afirma:

> *Um poema é uma obra. [...] O poético é poesia em estado amorfo: o poema é criação, poesia que se ergue. Só no poema a poesia se recolhe e se revela plenamente. [...] O poema não é uma forma literária, mas o lugar de encontro entre a poesia e o homem. O poema é um organismo verbal que contém, suscita ou emite poesia. Forma e substância são a mesma coisa (1982, p. 17).*

Dando continuidade a suas reflexões sobre o fenômeno poético, Paz volta-se para a palavra, lembrando que ela – à parte suas propriedades físicas – possui vários significados latentes e tem certa potencialidade de direções e sentidos. Se na prosa a palavra tende a identificar-se com um de seus possíveis significados, o poema, em contrapartida, jamais atenta contra a ambiguidade do vocábulo. No poema, destaca Paz, a linguagem recupera sua originalidade primitiva, mutilada pela redução que lhe impõem a prosa e a fala cotidiana. A reconquista de sua natureza é total e afeta os valores sonoros e plásticos do mesmo modo que os valores significativos: "A palavra, finalmente em liberdade, mostra todas as suas entranhas, todos os seus sentidos e alusões, [...] O poeta põe em liberdade sua matéria. O prosador aprisiona-a" (PAZ, 1982, p. 26). A comparação com outras manifestações artísticas torna ainda mais clara a natureza do poema:

> *A pedra triunfa na escultura, humilha-se na escada. A cor resplandece no quadro; o movimento, no corpo, na dança. A matéria, vencida ou deformada no utensílio, recupera seu esplendor na obra de arte. A operação poética é de signo contrário à manipulação técnica. [...] Por outro lado, a pedra da estátua, o vermelho do quadro, a palavra do poema, não são pura e simplesmente pedra, cor, palavra: encarnam algo que os transcende e ultrapassa. Sem perder seus valores primários, seu peso original, são também como pontes que nos levam à outra margem, portas que se abrem para outro mundo de significados impossíveis de serem ditos pela mera linguagem. Ser ambivalente, a palavra poética é plenamente o que é – ritmo, cor, significado – e, ainda assim, é outra coisa: imagem (PAZ, 1982, p. 26-27).*

O autor conclui que o fato de ser imagem – uma forma peculiar de comunicação que suscita no ouvinte ou no leitor outras constelações de imagens – faz a palavra poética, sem que deixe de ser ela mesma, transcender a linguagem, enquanto sistema dado de significações históricas.

Às considerações de Soares, Moisés e Paz, soma-se uma terceira possibilidade de aproximação do binômio emoção/formação crítica: o testemunho do poeta, do "lutador" com as palavras. Trata-se da imagem com que Carlos Drummond de Andrade representa o ininterrupto e tantas vezes inútil embate do poeta com sua matéria. Depois de enunciar, no poema "O lutador", que "Lutar com palavras / é a luta mais vã. / Entanto lutamos / mal rompe a manhã" (ANDRADE, 2002, p. 99), o escritor mineiro propõe no antológico poema "Procura da poesia":

O que pensas e sentes, isso ainda não é poesia.

[...]

Penetra surdamente no reino das palavras.

Lá estão os poemas que esperam ser escritos.

[...]

Ei-los sós e mudos, em estado de dicionário.

[...]

Chega mais perto e contempla as palavras.

Cada uma

tem mil faces secretas sob a face neutra

e te pergunta, sem interesse pela resposta,

pobre ou terrível, que lhe deres:

Trouxeste a chave?

(ANDRADE, 2002, p. 117-118)

Em sua procura da poesia, Andrade reúne-se aos ensaístas que o precederam neste artigo, pois, também para o poeta mineiro, a expressão ingênua e direta do pensamento é ilusória. Para exprimir o que quer que seja, é preciso passar pelo estranho reino das palavras, respeitando-as e convivendo com elas. E se, no poema de Drummond, é ao poeta que as palavras perguntam: "Trouxeste a chave?", desafiando-o a desvendar seu mistério e a entregar-se à experiência da linguagem, a mesma pergunta é feita por cada poema ao leitor que dele se aproxima: "Trouxeste a chave?". Tal pergunta é provocada pelo fato de que o poema, como pontua Paz, é uma possibilidade aberta a todos os homens, seja qual for seu temperamento ou sua disposição. No entanto, "não é senão isto: possibilidade, algo que só se anima ao contato de um leitor ou de um ouvinte. Há uma característica comum a todos os

Capítulo 2 Leitura de textos literários e não literários **39**

poemas, sem a qual nunca seriam poesia: a participação" (PAZ, 1982, p. 29-30). Para esse autor, cada vez que o leitor revive efetivamente o poema, atinge um estado que se pode chamar poético: "A experiência pode adotar esta ou aquela forma, mas é sempre um ir além de si, um romper os muros temporais, para ser outro" (PAZ, 1982, p. 30). Não é muito diferente o que afirma Massaud Moisés acerca do papel do leitor diante do poema:

> *A poesia transfere-se para o poema, à medida que este funciona como reservatório de signos que se coagulam em poesia ou preservam-na de esvair-se. [...]* a função deste [o poema] é assinalá-la e desencadeá-la na sensibilidade do leitor. *Neste, agora, existe ou reexiste a poesia, [...] O leitor reproduz o estado lírico do poeta, enriquecido das sugestões do poema, resultantes da fixação verbal de sensações e sentimentos que ao próprio criador do poema eram insuspeitados.*

> *[...] diríamos que nós, leitores, é que somos, afinal de contas, os poetas [...]. A poesia está em nós, não no poeta, nem no poema. [...]*

> *Quanto à poesia que ficou registrada nos poemas, surge-nos por intermédio da leitura, o que equivale a dizer que damos vida [...] à poesia que os poemas deflagram. [...] A poesia, nós é que a arquitetamos e a sentimos em obediência ao nosso ser mais íntimo, quando temos capacidade para tanto. [...] O poema [...] tem vida própria, mas somente comunica poesia em nós: sem o leitor é letra morta ou hieróglifo à espera de decifração* (MOISÉS, 2012, p. 73-74, grifos nossos).

Esta citação, além de privilegiar o papel do leitor na decifração do poema, conduz de volta ao cerne do tema deste texto: a emoção como elemento indispensável à formação crítica do leitor. Com efeito, se Moisés chama a atenção para a sensibilidade do leitor, Paz assinala que, graças ao poema, o leitor pode chegar à experiência poética.

Acerca da receptividade para a poesia, Moisés afirma:

> *Todos nós já pudemos comprovar que um poeta ou poema, lido com admiração e fervor em certa época da vida, já nenhuma emoção nos provoca, relido em época diferente. Como inúmeras vezes nos surpreendemos de "descobrir" um poeta [...] pelo qual cruzamos indiferentes, enquanto o*

complexo das nossas imagens-memória não nos permitia a passagem pelo choque emocional, de que ele foi o instrumento, e que vimos chamando de prazer estético (2012, p. 73).

Paz, por sua vez, assim descreve – ou poetiza? – o encontro do leitor com o poema:

O amor é um estado de reunião e participação aberto aos homens: no ato amoroso a consciência é como a onda que, vencido o obstáculo, antes de se desmanchar, ergue-se numa plenitude na qual tudo [...] alcança um equilíbrio sem apoio, sustentado em si mesmo. [...] E do mesmo modo que através de um corpo amado entrevemos uma vida mais plena, mais vida que a vida, através do poema vislumbramos o raio fixo da poesia. Esse instante contém todos os instantes. Sem deixar de fluir, o tempo se detém, repleto de si (1982, p. 29).

Em cada um dos trechos transcritos acima, expressões como "prazer estético" e "ato amoroso", respectivamente, enfatizam o que seus autores já haviam enunciado: a leitura do poema mostra grande semelhança com a criação poética; o leitor torna-se poeta, embora não criador do poema. Complementa Paz: "O poeta cria imagens, poemas; o poema faz do leitor imagem, poesia" (1982, p. 30). Para que essa transfiguração se processe, a emoção é imprescindível. Por outro lado, essa emoção e o prazer estético que a acompanha podem ser potencializados pelo conhecimento, por parte do leitor, dos arranjos especiais da linguagem que elaboram a emoção lírica que o poema "contém, suscita ou emite" (PAZ, 1982, p. 17).

Assim, duas tarefas simultâneas devem ser desempenhadas pelo professor de literatura que acredita na emoção como fator indispensável à formação crítica do aluno: provocar a sensibilidade do estudante, oferecendo-lhe poemas em que a emoção lírica se projete na linguagem e na construção do texto; e explorar, na linguagem e na construção do poema, os recursos expressivos – sonoros, rítmicos, sintáticos, semânticos – comumente empregados pelo poeta para intensificar o conteúdo emocional de seus versos. A segunda tarefa, que inclui algumas noções teóricas sobre texto poético e seus elementos constitutivos, bem como sobre os procedimentos da criação estética, acaba por aguçar e refinar a sensibilidade do aluno, capacitando-o a, na leitura do poema, reagir emocionalmente à sua tessitura sonora; às metáforas e outras figuras de linguagem que se apresentam no poema; à sintaxe peculiar que engendra esse tipo de texto, entre os inúmeros procedimentos com os quais o poeta põe em liberdade sua matéria – a palavra – fazendo-a resplandecer, como faz o escultor com a pedra, na escultura, e o pintor com a cor, na tela. E, assim como o espectador emociona-se com a beleza plástica da escultura ou da tela que contempla, o aluno é capaz de emocionar-se com a beleza do poema, nele vislumbrando "o raio fixo da poesia" (PAZ, 1982, p. 29).

2.2 TRÊS POEMAS E TRÊS EXPERIÊNCIAS DA EMOÇÃO

Para tornar mais efetivas as duas tarefas descritas anteriormente, o professor pode fazer a leitura em voz alta dos poemas por ele selecionados, pois, nessa modalidade de leitura, a camada sonora do texto ganha relevo. E uma vez que, no poema, o som significa, os recursos sonoros devem ser apontados, bem como os recursos semânticos e sintáticos, como elementos de construção do sentido – e da emoção – do texto.

Com o intuito de estimular a sensibilidade do aluno, de modo que contribua para sua formação crítica, o professor pode trabalhar com os poemas de Cecília Meireles, que ilustram de maneira exemplar um conceito musical de poesia e têm versos delicadamente melodiosos que traduzem conteúdos emocionais intensamente líricos. Essa perfeita adequação do sentimento lírico ao texto em forma de melodia suave mostra-se, entre muitos outros, no poema "Canção":

Pus o meu sonho num navio

e o navio em cima do mar;

– depois, abri o mar com as mãos,

para o meu sonho naufragar.

Minhas mãos ainda estão molhadas

do azul das ondas entreabertas,

E a cor que escorre dos meus dedos

colore as areias desertas.

O vento vem vindo de longe,

a noite se curva de frio;

debaixo da água vai morrendo
meu sonho dentro de um navio.

Chorarei quanto for preciso,
para fazer com que o mar cresça,
e o meu navio chegue ao fundo
e o meu sonho desapareça.

Depois, tudo estará perfeito:
praia lisa, águas ordenadas,
meus olhos secos como pedras
e as minha duas mãos quebradas.

(MEIRELES, 1994, p. 116-117)

Depois de ler o poema "Canção" em voz alta, o professor deve salientar que seu título alude ao texto poético de textura musical trabalhada. Com efeito, o poema é composto de cinco quartetos, em versos regulares de oito sílabas, com *rimas* entre o segundo e o quarto versos de cada estrofe; esses recursos reforçam o ritmo melodioso e suave do poema, para o qual também contribuem as *repetições* de palavras ("sonho", "navio", "mar", "mãos"); de expressões em construções paralelísticas ("e o meu navio", "e o meu sonho"); e de sons variados ("e a cor *que* es*corre dos meus dedos / colore [...]"; "O *vento vem vindo de longe"). Os *elementos visuais* são igualmente explorados, intensificando a melancolia e o sentimento de frustração expressos no poema: "e a cor que escorre dos meus dedos / colore as areias desertas". O próprio gesto de dar consistência concreta ao sonho, tornando-o visível e tátil e pondo-o no navio que é colocado no mar, é uma *imagem visual* de forte apelo emotivo. Apelo enfatizado pelo contraste, de um lado, entre as mãos molhadas e o choro copioso e, de outro, entre os olhos secos e as mãos quebradas, estas últimas apresentando-se como duas contundentes imagens visuais que encerram o poema e o sonho extinto.

Se o professor quiser explorar aspectos mais surpreendentes do texto lírico e da emoção nele contida, pode mostrar ao aluno que a sonoridade de um poema resulta, por vezes, em um tom brincalhão e aparentemente ingênuo. É o que ocorre em "Belo belo", de Manuel Bandeira, do qual se transcreve alguns versos:

Belo belo minha bela

Tenho tudo que não quero

Não tenho nada que quero

Não quero óculos nem tosse

Nem obrigação de voto

Quero quero

Quero a solidão dos píncaros

[...]

Quero o moreno de Estela

Quero a brancura de Elisa

Quero a saliva de Bela

[...]

Quero quero tanta coisa

Belo belo

Mas basta de lero-lero

Vida noves fora zero

(BANDEIRA, 1983, p. 281)

Esse poema ainda permite constatar que o tom bem-humorado pode ser adotado pelo poeta para tratar de temas "sérios", existenciais e filosóficos. Em "Belo belo", por exemplo, Bandeira tematiza o constante desejo de realização pessoal e a repetida frustração desse desejo.

Outro poema surpreendente e que, ao ser lido em voz alta, tem sua significação intensificada é o antológico "Tecendo a manhã", de João Cabral de Melo Neto:

Um galo sozinho não tece uma manhã:

ele precisará sempre de outros galos.

De um que apanhe esse grito que ele

e o lance a outro; de um outro galo

que apanhe o grito que um galo antes

e o lance a outro; e de outros galos

[...]

para que a manhã desde uma teia tênue,

se vá tecendo, entre todos os galos.

E se encorpando em tela, entre todos,

se erguendo tenda, onde entrem todos,

se entretendendo para todos, no toldo,

(a manhã) que plana livre de armação.

A manhã, toldo de um tecido tão aéreo

que, tecido, se eleva por si: luz balão.

(MELO NETO, 2003, p. 345)

Ainda que o poeta tenha recusado a concepção de lirismo como expressão da emoção, "Tecendo a manhã" evidencia que a emoção pode ser suscitada pelo poema a partir de sua estrutura compositiva. A começar pelo título, a visão espaço-temporal do tecer da manhã é configurada pelo poeta no âmbito da linguagem: as palavras, organizadas em uma sintaxe que a cada momento se refaz (como no final do terceiro e do quinto versos da primeira estrofe), tecem, nessa construção, a teia da manhã. Com sua elaboração racional, o poeta descreve outra construção: a dos galos tecendo a "teia tênue" da manhã. Para reforçar a ideia de solidariedade – que vem acompanhada da emoção social provocada pelo texto –, João Cabral compõe uma rede sonora em que se entretecem as palavras do 11º, do 12º e do 13º versos , cujos sons repetem-se não para a criação de um encantamento melodioso, mas sim para a sugestão auditiva e visual – esta última é perceptível por quem lê o texto, pois a visualidade, nesse caso, é a da palavra no verso – de que as próprias palavras vão dando corpo umas às outras, exatamente como fazem os galos para tecer a manhã: "*entre todos*" / "se erguendo *tenda*, onde *entrem todos*" / "se *entretendendo* para *todos*, no *toldo*". Assim, com a leitura de "Tecendo a manhã", o professor apresenta exemplo de um po-

Capítulo 2 Leitura de textos literários e não literários **45**

ema que, se emociona, o faz pela "inteligência de sua construção" (LIMA, 1968, p. 295).

2.3 A EMOÇÃO NO TEXTO LITERÁRIO EM PROSA

Se até aqui privilegiou-se o poema como a modalidade de texto que mais intensamente comunica/engendra/suscita a emoção, fazendo-a transitar do autor para o leitor e enriquecendo a formação crítica deste último, é preciso lembrar que o texto literário em prosa também pode expressar/provocar emoção, fenômeno possibilitado pelo trabalho com a linguagem que nele se apresenta. Isso significa que, também nos textos em prosa, o escritor pode elaborar sua linguagem de modo a torná-la a expressão de um conteúdo emocional que ele pretende provocar no leitor, o qual passa a compartilhar com o autor a emoção representada no texto.

Um bom exemplo dessa prosa lírica é a crônica, especialmente a de autores como Rubem Braga, Paulo Mendes Campos, Fernando Sabino, entre outros. E a lista pode abranger uma série de escritores que contam uma história de um jeito tão leve e esgarçado que suas narrativas mais parecem a meditação lírica de um "eu" que fala sozinho, recordando momentos vividos com grande intensidade.

Sobre a crônica de Rubem Braga, Arrigucci aponta que "O Eu que conversa conosco ou sozinho [...] narra liricamente" (1987, p. 42), como se sua prosa estivesse tomada pela subjetividade de um poeta do instantâneo, "que, mesmo sem abandonar o ar de conversa fiada, fosse capaz de tirar o difícil do simples, fazendo palavras banais alçarem voo" (ARRIGUCCI, 1987, p. 55). Desse modo, o professor pode apresentar ao aluno uma crônica como "O homem e a cidade", na qual o cronista partilha com o leitor um momento belo, feliz e fugaz, de que a crônica é a forma expressiva, na medida em que resgata, pela narrativa do que passou, a imagem do instante perdido.

Na leitura de "O homem e a cidade", o aluno revive com o autor a emoção do momento em que este, em um passeio pelo centro do Rio de Janeiro, tem a súbita visão de instantes vivenciados no passado e recuperados pela memória para a contemplação lírica do cronista. Além de apontar que a percepção do momento presente traz consigo a lembrança do que passou, o professor deve enfatizar que a emoção dessa súbita mistura entre presente e passado é intensificada por recursos expressivos, como a segunda pessoa do singular usada na interlocução direta e comovida com a amada Lenora e as repetições de palavras e de sonoridades no belo e poético último parágrafo da crônica: "Quieto, vou repetindo sem voz, para mim mesmo, teu nome, Lenora – perdida, para sempre perdida, mas tão viva, tão linda, batendo os saltos na calçada, andando de cabelos ao vento dentro da minha cidade e de minha saudade, Lenora" (BRAGA, 1999, p. 164).

Se um cronista como Rubem Braga é um "lírico de passagem" (ARRIGUCCI, 1987, p. 36), também o contista e o romancista podem fundir prosa e poesia, mescla que ocorre com frequência nas obras de Guimarães Rosa e Clarice Lispector. Quanto ao primeiro, o professor pode estimular a leitura dos contos de *Primeiras estórias*, que emocionam pela intensidade com que tematizam sentimentos e situações ao mesmo tempo tão particulares e tão universais: a solidariedade no sofrimento, em "Sorôco, sua mãe, sua filha"; o espanto e a culpa diante do gesto incompreensível e definitivo do pai, em "A terceira margem do rio"; a força vivificadora do amor, em "Substância" e em "Luas de mel". Já o caráter poético dos contos de Clarice Lispector pode ser explorado nos volumes *Laços de família* e *Felicidade clandestina*. É deste último o conto homônimo que tem como protagonista uma menina – a própria autora – que vê adiado, pela sádica colega, filha do dono de uma livraria, o prazer da leitura de *Reinações de Narizinho*. Para expressar seu desejo de ler o livro, a narradora transgride as relações semânticas usuais e subverte as regras relativas à transitividade dos verbos: "Era um livro grosso, meu Deus, era um livro para se ficar vivendo com ele, *comendo-o, dormindo-o*" (LISPECTOR, 1987, p. 8, grifos nossos). Depois de textualizar, passo a passo, a expectativa e a frustração provocadas pelo adiamento do prazer da leitura, a narradora colore seu relato com variadas metáforas e tocantes comentários líricos que assinalam a transfiguração nela operada pelo contato com o livro tão desejado. Com o trecho final do conto, encerra-se esta breve exposição sobre a intensidade de emoção que o texto literário – ainda que em prosa – pode expressar e transmitir para seu leitor:

Como contar o que se seguiu? [...]

Eu vivia no ar... Havia orgulho e pudor em mim. Eu era uma rainha delicada.

Às vezes sentava-me na rede, balançando-me com o livro aberto no colo, sem tocá-lo, em êxtase puríssimo.

Não era mais uma menina com um livro: era uma mulher com o seu amante.

(LISPECTOR, 1987, p. 10)

2.4 PROPOSTA DE TRABALHO EM SALA DE AULA

Faz frio

Faz frio. Há bruma. Agosto vai em meio.

E eu iria jurar, bendito engano,

Que a primavera veio

Antes do tempo, este ano.

Vi-te: sob o nublado céu de agosto

Nem os jardins começam a brotar,

Mas há rosas no teu rosto

E azul, azul de céu, no teu olhar.

Que importa o frio? A bruma? Agosto em meio?

Juro, posso-o jurar, que não me engano:

A primavera veio

Antes do tempo, este ano.

Amo-te. E assim como se não houvesse

Inverno, e terra nua, e bruma no ar,

O meu coração floresce

E há luz, há luz de sol, no meu olhar.

(CARVALHO apud RIEDEL et al., 1974, p. 182)

O poema desenvolve, de forma clara e ao mesmo tempo intensamente lírica, um dos temas mais frequentes no universo da poesia: a força transformadora do amor, que é capaz de subverter os dados mais concretos da realidade, substituindo-os por elementos e sensações que a subjetividade do "eu" lírico amoroso derrama sobre o mundo.

O professor pode começar pela leitura do poema em voz alta, durante a qual deve enfatizar as afirmações, as pausas, as interrogações e as gradações do texto. Com essa leitura, o professor adiciona sua própria emoção a um texto elaborado com uma série de recursos que o tornam a confissão/declaração de um amor intenso e transfigurador. Em seguida, o professor pode sugerir que os alunos façam – silenciosa e individualmente ou em pequenos grupos – uma nova leitura do poema, para que ele sensibilize ainda mais a emoção do estudante.

Na etapa seguinte, com o objetivo de explorar a capacidade do texto lírico de "disparar" a emoção dos alunos, o professor pode solicitar que eles enunciem os sentimentos, as sensações e até as possíveis lembranças suscitadas pelo poema. Ouvidos e registrados tais sentimentos e sensações – que certamente incluirão o amor e a paixão e afirmações como "eu ainda não senti esse amor", "eu gostaria de viver uma paixão assim", "eu gostaria de ouvir uma declaração como essa" –, o professor deve conduzir o aluno à percepção dos recursos escolhidos pelo poeta para fazer de seu poema uma confissão tão enfática e comovente do sentimento amoroso. Nesta etapa, o professor pode estimular o aluno por meio de perguntas como: a quem o "eu" poético se dirige? Como o "eu" manifesta seu sentimento? Que estratégias ele escolhe? Que palavras utiliza? Como ele conduz sua declaração: de um só ímpeto ou a encaminha de forma gradativa?

Depois de ouvir os alunos, o professor deve se servir das respostas por eles formuladas para explicitar alguns dos recursos de modo sensível e hábil utilizados pelo poeta, como:

- Confessando seu amor, o "eu" se dirige diretamente a ser amado. E, para enfatizar que o "eu" poético está fazendo uma declaração de amor, o poeta usa, no quinto verso da primeira estrofe, a expressão "Vi-te" e também, no quinto verso da segunda estrofe, a expressão "Amo-te", construindo com essa *repetição* e concomitante *variação* a *gradação* – ou intensificação – do sentimento amoroso.

- Para expressar seu amor, o "eu" poético escolhe a seguinte estratégia: apesar de fazer frio e o mês ainda ser agosto, com seu céu nublado e sua bruma, a partir do instante em que o "eu" vê o ser amado, a primavera se antecipa; a nova estação se mostra inicialmente no rosto do ser amado (as rosas e o azul do céu da primeira estrofe), para depois se manifestar, sob o efeito do amor, no próprio "eu" poético (a luz de sol da segunda estrofe).

O professor deve ressaltar que cada estrofe representa um momento do sentimento experimentado pelo "eu". Na primeira, "Faz frio. Há bruma. Agosto vai em meio". Porém, sob o efeito da visão do ser amado, o "eu" "*iria jurar*, bendito engano, / Que a primavera veio / Antes do tempo, este ano". O tom ainda é o de uma possibilidade de que a primavera tenha chegado antes do tempo. Na segunda estrofe, arrebatado pelo amor, o "eu" tem a certeza de que a primavera veio antes do tempo: "Que importa o frio? A bruma? Agosto em meio? / *Juro, posso-o jurar*, que não me engano: / A primavera veio / Antes do tempo, este ano". Salientando esses dois momentos representados por cada estrofe, o professor também deve ressaltar que a segunda repete e transforma a primeira, efetivando a <u>gradação</u> já mencionada anteriormente. Tanto a <u>repetição</u> – de palavras, de imagens, de tipos de versos – quanto a <u>variação</u> – de tom, de palavras, de imagens – são igualmente relevantes para a intensificação do sentimento que atravessa o poema e que culmina na fusão do ser que ama com a primavera, pois é nele que ela se manifesta, sob o efeito do amor. Assim, no sétimo verso de cada estrofe, repete-se a imagem das flores que representam a primavera, mas há variação do espaço em que as flores se mostram: "Mas *há rosas no **teu** rosto*" (primeira estrofe); "O ***meu** coração floresce*" (segunda estrofe). No oitavo verso de cada estrofe, repete-se a imagem da luminosidade trazida pela primavera, mas, do mesmo modo, varia-se a fonte dessa luminosidade, pois ela passa a emanar do "eu": "E azul, azul de céu, *no **teu** olhar*" (primeira estrofe); "E há luz, há luz de sol, *no **meu** olhar*" (segunda estrofe).

Apontando esses aspectos da linguagem do poema, sem necessariamente conceituar todos eles, o professor pode mostrar aos alunos que a emoção despertada por essa leitura constitui o efeito de determinada elaboração da linguagem. Ao mesmo tempo, essa elaboração, que faz a palavra resplandecer e recuperar sua originalidade (PAZ, 1982), é mais facilmente perceptível sob o estímulo da emoção que o poema é capaz de provocar.

2.5 A EMOÇÃO NO TEXTO LITERÁRIO: UM ENCONTRO ENTRE AUTOR, PROFESSOR E ALUNO

Finalizando esta explanação, ressalta-se que a emoção transfiguradora – de que o texto literário é condutor e estopim – dificilmente é deflagrada pelo texto não literário. Quando este emociona, o faz predominantemente por seu conteúdo, com o qual o leitor pode se identificar e, a partir dessa identificação, se comover. Deve-se lembrar que, em um texto jornalístico, por exemplo, a palavra vale por seu significado o mais preciso possível, distanciando-se da liberdade e do brilho que lhe confere o texto literário.

Portanto, se o professor deseja propiciar ao aluno uma formação crítica ancorada na sensibilidade, deve privilegiar o texto literário, dando-lhe vida e viço com sua própria emoção de leitor sensível e experiente.

REFERÊNCIAS BIBLIOGRÁFICAS

ANDRADE, Carlos Drummond de. **Poesia completa**. Rio de Janeiro: Nova Aguilar, 2002.

ARRIGUCCI, Davi. **Enigma e comentário:** ensaios sobre literatura e experiência. São Paulo: Companhia das Letras, 1987.

BANDEIRA, Manuel. **Poesia completa e prosa**. Rio de Janeiro: Nova Aguilar, 1983.

BRAGA, Rubem. **Ai de ti, Copacabana**. 21. ed. Rio de Janeiro: Record, 1999.

LIMA, Luís Costa. **Lira e antilira:** Mário, Drummond, Cabral. Rio de Janeiro: Civilização Brasileira, 1968.

LISPECTOR, Clarice. **Felicidade clandestina**. 5. ed. Rio de Janeiro: Nova Fronteira, 1987.

MELO NETO, João Cabral de. **Obra completa**. Rio de Janeiro: Nova Aguilar, 2003.

MEIRELES, Cecília. **Poesia completa**. 4. ed. Rio de Janeiro: Nova Aguilar, 1994.

MOISÉS, Massaud. **A criação literária**. 2. ed. rev. e atual. São Paulo: Cultrix, 2012.

PAZ, Octavio. **O arco e a lira**. Rio de Janeiro: Nova Fronteira, 1982.

RIEDEL, Dirce Cortes (Org.). **Literatura brasileira em curso**. 6. ed. Rio de Janeiro: Bloch, 1974.

SOARES, Angélica. **Gêneros literários**. 6. ed. São Paulo: Ática, 2001.

Sugestões de leitura

BOSI, Alfredo (Org.). **Leitura de poesia**. São Paulo: Ática, 1996.

CANDIDO, Antonio. **Na sala de aula:** caderno de análise literária. São Paulo: Ática, 2008.

Sugestões de documentário

(O VENTO lá fora). Direção: Marcio Debellian. Produção: Marcio Debellian, Daniel Nogueira. Intérpretes: Cleonice Berardinelli, Maria Bethânia. Roteiro: Marcio Debellian, Diana Vasconcellos. [S.l.]: Quitanda Produções Artísticas, Debê Produções, Selo Sesc, 2014.

VIDA e verso de Carlos Drummond de Andrade: uma leitura. Direção e roteiro: Eucanaã Ferraz. São Paulo: Instituto Moreira Salles, 2014.

PALAVRA encantada: um passeio pela música brasileira. Direção: Helena Solberg. [S.l.]: Radiante Filmes, 2009. 2 DVD.

3

Os gêneros literários como estratégia pedagógica para o desenvolvimento da subjetividade: a seleção do texto literário para sala de aula

Andréa Portolomeos

O morto

II

Veja esse morto como esgotou um por um seus segredos.
Sentado como um doutor
Veja que respeito nutre pelo silêncio...
Que morto!
Um piano dormindo no fundo de um poço
Não é mais cômodo do que um homem morto num porto.
Veja que comodidade.
Ele não usará seus dedos secos nunca mais para pegar em moças...
Que morto!

(Poesia, Manoel de Barros)

3.1 A LITERATURA E O DESENVOLVIMENTO PLENO DO INDIVÍDUO

Quando se fala de gêneros literários, logo se recuperam as aulas de teoria literária na graduação. Nessas aulas, aprende-se que Platão é a primeira referência sobre o assunto, ao apontar, no livro III de *A República*, como o poeta atua na escrita do texto: emprestando sua voz aos personagens ou concedendo autonomia a eles. Nesse último caso, o poeta se torna condenável por afastar-se da tentativa de apreensão da "Verdade" que, segundo o sistema filosófico do pensador grego, encontra-se no chamado "mundo das ideias", superior ao mundo em que se vive. Dependendo

Platão: Filósofo da Antiguidade clássica, que viveu entre 428 a.C. e 347 a.C.

A República: Obra de aproximadamente 394 a.C.

Aristóteles: Foi discípulo de Platão, com quem desenvolveu laços de amizade. Deixou a Academia do mestre para fundar, aos poucos, sua própria escola. Em Atenas, inaugurou seu famoso Liceu, onde se praticava a filosofia peripatética, ou seja, uma conversação realizada durante uma caminhada pelos bosques do Liceu.

Poética: Obra incompleta por acreditar-se perdida. Apesar de Aristóteles propor o exame de todas as artes poéticas nesse projeto, as únicas que se encontram melhor discutidas são a tragédia e a epopeia.

do tipo de relação entre o poeta e seus personagens, apresentam-se os gêneros tragédia, comédia e epopeia.

É também nas aulas de teoria que se estuda o livro *Poética*, de Aristóteles – filósofo contemporâneo de Platão –, que igualmente procura descrever os gêneros. Porém, no caso de Aristóteles, não há a preocupação moralizante que aparece na reflexão de Platão. Segundo Lima (2002), teórico da literatura, na *Poética*, a discussão sobre os gêneros segue outro caminho no qual é afirmada a "dignidade do fazer poético". Aristóteles também discute a tragédia, a comédia e a epopeia, mas dá ênfase ao *efeito* que esses gêneros podem produzir no receptor, mobilizando as emoções dele. Isso significa que, através desses gêneros, as emoções do receptor podem ser descobertas, transformadas, refinadas, o que permite a ele uma diferente compreensão de sua própria vida e do mundo. Dizendo de outro modo, o *efeito* – chamado catarse, que em grego quer dizer purgação – que a arte opera no receptor pode levá-lo a refletir sobre sentimentos que talvez nem ele mesmo conheça.

Vem daí a importância da literatura na formação plena do indivíduo, constituído igualmente de razão e emoção. No entanto, sabe-se que a educação formal ainda está muito sedimentada – é possível observar que quase não há matérias concernentes à arte de forma geral nas escolas – nas disciplinas de caráter mais exato, descritivo ou científico, direcionadas a uma necessidade de formação que atenda a um máximo de racionalidade técnica e de domínio sobre a natureza. Para contrapor essa realidade, muito já se discutiu – inclusive no âmbito da legislação educacional – sobre a urgência de uma formação mais ampla do indivíduo, chamada "formação humanística", que possa preparar o aluno para enfrentamentos de ordem mais pragmática ou racional e de ordem emocional pelo viés da literatura, da música ou de outras artes.

O que se deve enfatizar nessa discussão sobre a necessidade de uma formação mais ampla é que a realidade do aluno é constituída de elementos concretos como também de elementos de ordem sentimental. Uma grande via para o acesso e o desenvolvimento das emoções é a literatura no sentido mais pleno desse termo, que não deve ser confundido com textos que representem outros gêneros não literários. A literatura é capaz de desestabilizar costumes arraigados, tradições que condicionam a percepção do mundo, das coisas e até de si mesmo. Isso se dá a partir do momento em que o leitor se aproxima de narradores e personagens cujos posicionamentos são diferentes dos dele. Essas diversas posições permitem uma "desnaturalização" do ponto de vista do leitor, ou seja, ele passa a perceber que sua perspectiva está condicionada por sua própria experiência de mundo e, assim, torna-se menos rígido em relação a ela e mais tolerante em relação aos outros. É ainda nesse sentido que Fernando Pessoa, no poema "Autopsicografia", explica a descoberta, na leitura da poesia – e via emoção –, de uma dor pessoal que o próprio leitor desconhecia nele mesmo, já que nem tudo pode ser revelado pela via da razão (que, segundo o poeta, deve ser "entretida" ou driblada pela emoção).

[...]

E os que leem o que escreve,

Na dor lida sentem bem,

Não as dores que ele teve,

Mas só a que eles não têm.

E assim nas calhas de roda

Gira, a entreter a razão,

Esse comboio de corda

que se chama coração.

(PESSOA, 1997, p. 42)

> **Antonio Candido:** Um dos mais ilustres pensadores da literatura brasileira. Na sua obra clássica, *Formação da literatura brasileira*, propõe o conceito de "sistema" para definir a literatura nacional a partir do século XVIII.

Ainda no que diz respeito à constituição racional e emocional do ser humano, o mestre Antonio Candido acentua sobre a realidade sentimental: "assim como todos sonham todas as noites, ninguém é capaz de passar as vinte e quatro horas do dia sem alguns momentos de entrega ao universo fabulado" (CANDIDO, 2004, p. 174). Daí, infere-se que o exercício de imaginação, exigido pela leitura literária, fortalece aspectos inerentes ao homem, suas "necessidades profundas que não podem deixar de ser satisfeitas sob pena de desorganização pessoal, ou pelo menos de frustração mutiladora" (CANDIDO, 2004, p. 174).

Recorrendo mais uma vez às aulas de teoria da literatura, ou mais especificamente às lições de Wolfgang Iser, pode-se entender como o imaginário, requerido na leitura literária, interfere

> **Wolfgang Iser:** Grande expoente da corrente da teoria literária denominada Teoria do Efeito Estético, que dialoga com outra importante corrente teórica, a Estética da Recepção, proposta por Hans Robert Yauss. Ambos os autores partilham do entendimento da literatura como um tipo especial de comunicação, no qual o leitor deve ser estudado como peça fundamental.

positivamente na realidade de quem lê. Isso se dá porque a realidade imaginada pelo leitor, por meio do texto ficcional, sempre é maior que o real concreto, a partir do qual o autor partiu (e expandiu) para a escrita de sua obra. Produzir literatura significa um trabalho específico com a linguagem, em que o conteúdo – no ato de imaginar do leitor – torna-se plurissignificativo, distanciando o receptor de sua compreensão trivializada, cotidiana e, muitas vezes, preestabelecida do mundo. Em outras palavras, pretende-se dizer também que um ensino de literatura insuficiente implica sérios problemas na formação dos alunos, visto que é por meio dessa disciplina que se ensina a sentir de maneira singular e subjetiva outras e novas realidades possíveis.

Nesse sentido, note-se como a literatura, no estímulo ao imaginário e a uma percepção particular das coisas, convida o leitor ao pleno exercício da sua subjetividade. Isso significa que, como lembra mais uma vez Candido, a literatura é formadora da personalidade, mas não segundo aquilo que é convencional, por essa razão, "nas mãos do leitor, o livro pode ser fator de perturbação e mesmo de risco" (2004, p. 176). Portanto, a literatura é um dos territórios mais livres porque não pretende corromper nem edificar o indivíduo segundo normas preestabelecidas; ela traz "livremente em si o que chamamos o bem e o que chamamos o mal, humaniza em sentido profundo, porque faz viver" (CANDIDO, 2004, p. 176).

3.2 OS GÊNEROS LITERÁRIOS EM SALA DE AULA

Voltando à questão mais específica dos gêneros, a discussão iniciada com Platão e Aristóteles se desdobrou por muitos séculos. Sabe-se que, na Idade Média, as obras do período clássico foram desconsideradas por questões religiosas e ideológicas. Quando essas obras foram recuperadas no período renascentista, a *Poética* de Aristóteles passou a ser utilizada para confecção de cânones, regras ou preceitos, segundo os quais as novas obras deveriam se ajustar. Daí em diante, as potencialidades teóricas da *Poética* foram reduzidas em detrimento de uma empobrecedora leitura normativa da obra.

Período renascentista: Nesse período, considera-se que os antigos teriam realizado a arte de maneira inigualável, devendo, assim, ser imitada.

Somente no Romantismo, ocorreu a falência desses conjuntos de normas chamados preceptísticas. A estética romântica partia do princípio de que a poesia era expressão de uma alma superior, "genial", obedecendo apenas à inspiração do poeta. Então, não havia mais lugar para modelos a serem seguidos. O autor francês Victor Hugo, em 1827 – no referenciado prefácio do drama

Romantismo: O Romantismo representa uma inovação filosófica e estética que não está alicerçada em textos sentimentais, com temáticas amorosas.

Capítulo 3 Os gêneros literários como estratégia pedagógica para o desenvolvimento... 57

Cromwell, denominado "Do grotesco e do sublime" –, propôs o Romantismo como uma mistura de gêneros. Nascia assim um vigoroso ataque contra a rígida separação entre os gêneros. Consequentemente, surgia também uma abertura para outra leitura de Aristóteles, diferente da normativa.

Em tempos mais recentes, os gêneros literários estão sob uma espécie de guarda-chuva denominado gêneros textuais (artigo de opinião, reportagem, tirinha, música, *e-mail* etc.). Se, por um lado, o que se pretende com essa organização é mostrar as diferentes formas de composição do texto, por outro, tal disposição pode gerar um efeito perturbador, quando os gêneros literários não são devidamente qualificados como textos de natureza estética, cuja linguagem não é aquela da comunicação pragmática, geralmente utilizada pelos gêneros textuais não literários. A literatura é "um caso especial de comunicação" (ZILBERMAN, 2004, p. 14) – para lembrar algumas correntes teóricas como Formalismo Russo, Estruturalismo Tcheco, Estética da Recepção e Teoria do Efeito Estético –, visto que a decodificação de sua mensagem nunca é automática, provocando um efeito desestabilizador no leitor.

> Formalismo Russo, Estruturalismo Tcheco, Estética da Recepção e Teoria do Efeito Estético: Para conhecer um pouco mais sobre essas correntes teóricas e as relações que elas estabelecem entre si, recomenda-se a leitura de *Estética da recepção e história da literatura*, de Regina Zilberman.

A literatura pressupõe a produção, por parte dos leitores, de sentidos inovadores para o texto. É nessa proposição de sentidos inovadores, em que o imaginário atua, que se revela o potencial transgressor da leitura literária, pois o sentido produzido pelo leitor tem a ver com suas vontades mais íntimas, seus desejos e sua subjetividade, e não com normas nem valores que o regem e condicionam suas vontades em sociedade. Os gêneros chamados pragmáticos, por sua vez, requerem uma rápida decodificação, relacionada muito mais a valores sociais e ideológicos já sedimentados que a valores subjetivos. É importante que não se perca a diferença entre textos literários e não literários na discussão mais ampla sobre gêneros textuais na sala de aula, sob pena de enorme prejuízo no desenvolvimento da subjetividade do aluno. Assim sendo, o primeiro passo para a seleção de um gênero literário para uma turma é conhecer a especificidade da literatura que não deve ser confundida com outros gêneros textuais, como quadrinhos, música, charge, filme etc.

Quando hoje se fala sobre gêneros literários, sabe-se que a referência é, de modo geral, à poesia lírica em suas diferentes formas, (como a balada, a canção, a elegia, o haicai, a ode etc.), à epopeia, ao romance, ao conto, à novela, às formas dramáticas (como o auto, a tragédia, a comédia, o drama), à crônica e ao ensaio. Para efeito de rápido esclarecimento, cabe lembrar que o conceito de lirismo sofreu alterações ao longo do tempo e chegou ao século XIX, com o poeta francês Charles Baudelaire, como lirismo moderno. O sujeito lírico moderno (quem fala no poema) é aquele que procura distanciar-se mais das emoções sentidas pelo poeta de carne e osso. De acordo com Cara, é aquele que "a partir do Simbolismo, toma consciência de que o espaço da poesia não é o espaço da realidade (a objetividade será impossível), nem o espaço do eu (a dita subjetividade será encarada também como ilusória)" (1989, p. 52).

> **Georg Lukács:** Pensador de origem marxista que muito influenciou os estudos literários ocidentais com sua obra *A teoria do romance*, de 1916, na qual discute as noções de modernidade e a forma moderna do romance.

A epopeia, segundo Georg Lukács, está relacionada a um tempo em que a ideia de individualidade não existia ou ainda era precária, ou seja, a um tempo anterior à consolidação do capitalismo e do modo de vida burguês. Trata-se de um gênero marcado pela coletividade e, nesse sentido, os feitos narrados em versos possuem caráter histórico, grandioso e de interesse coletivo.

O romance é o gênero representativo do mundo burguês e, assim, a individualidade e a particularidade dos fatos assumem destaque na narrativa. Nessa esteira, é interessante perceber que os primeiros romances publicados na Europa tinham capítulos cujos extensos títulos pretendiam confirmar a idiossincrasia da história narrada. É importante lembrar que o romance é composto de categorias narrativas (enredo, personagens, tempo, espaço, narrador, leitor, foco narrativo) que podem ser apresentadas em sua forma mais tradicional (obedecendo a uma ordem cronológica de início, meio e fim do que é narrado) ou subvertida, como acontece nos "romances modernos". Nesses casos, pode-se lembrar de *Memórias póstumas de Brás Cubas*, de Machado de Assis, em que o narrador está morto, não há uma linearidade temporal, o leitor é incitado a participar da construção do enredo etc. Note-se que o romance (ou a narrativa) moderno não tem a ver com o momento histórico em que ele foi escrito, mas sim com seu poder de desestabilizar os elementos tradicionais da narrativa.

O conto e a novela também são constituídos das mesmas categorias mencionadas. O que diferencia esses gêneros do romance é a extensão do narrado, sendo o conto a narrativa mais concentrada ou densa no que se refere ao enredo.

Como discorrer sobre as diferentes formas dramáticas demanda um espaço mais extenso – visto que se deve retomar o teatro clássico –, neste capítulo, destaca-se uma observação da crítica Soares adequada a este momento. Para ela,

Capítulo 3 Os gêneros literários como estratégia pedagógica para o desenvolvimento... **59**

o objetivo do escritor não é cada personagem por si, como na epopeia, nem o modo especial de transmitir emocionalmente um tema, como no poema lírico, mas a meta a alcançar. Assim é que tudo se projeta para o final, através da manutenção de uma forte expectativa, que desemboca no desfecho ou solução (SOARES, 1989, p. 42).

A crônica e o ensaio são gêneros muitos próximos, segundo o crítico Afrânio Coutinho, uma vez que ambos possuem a particularidade de um texto em prosa inacabado, uma tentativa de entendimento das coisas e do mundo, sem conclusões definitivas. Assim, o termo ensaio remonta ao vocábulo francês *essay*, cujo significado é, justamente, tentativa. A crônica, como gênero literário, nasceu no Brasil do século XIX nos jornais, conforme conta Coutinho. Machado de Assis, José de Alencar, Joaquim Manuel de Macedo, dentre outros importantes escritores da literatura brasileira, se profissionalizaram por meio das crônicas e dos folhetins (romances em capítulos) nas folhas diárias. Essas crônicas guardam sempre um tom humorístico, comentam fatos do cotidiano, possuem estrutura textual fragmentária – pelo fato de abordarem diversos assuntos – e não possuem teor conclusivo.

> **Afrânio Coutinho:** Outro importante crítico. Autor, entre outros, dos seis volumes da extensa obra *Introdução à literatura no Brasil*. Foi o criador da Faculdade de Letras da Universidade Federal do Rio de Janeiro (UFRJ), no final dos anos de 1960.

3.3 TRAZENDO A QUESTÃO PARA O DIA A DIA DO PROFESSOR E DO ALUNO

Não cabe aqui estudar detidamente cada um dos gêneros literários, mas entender como alguns deles podem funcionar como estratégia pedagógica para o desenvolvimento da subjetividade. Muitos alunos, futuros professores de literatura, em aulas de teoria literária, perguntam, com frequência, sobre como selecionar um texto literário para uma turma de Ensino Médio. Discorrem sobre suas catastróficas experiências com os clássicos na escola, sobre a inabilidade com que grande parte de seus professores tratavam Machado de Assis, Carlos Drummond de Andrade, Guimarães Rosa, dentre outros grandes escritores. Relatam que a seleção dos escritos para a aula de literatura estava, muitas vezes, atrelada a um tipo de texto que os alunos já conheciam ou a produtos culturais de entretenimento, o que definitivamente não tem nada a ver com o trabalho com literatura em sala de aula. O professor precisa capacitar o aluno para a leitura literária, oferecendo a ele acesso a bens culturais (no caso, à literatura) de que, muitas vezes, não dispõe e dos quais precisa para seu amadurecimento emocional, para o desenvolvimento da sua compreensão pessoal, subjetiva de si mesmo, das coisas e do mundo.

Escolher um livro de literatura para determinada turma implica também a seleção de um gênero literário específico. Note-se, por exemplo, que a malfadada experiência, relatada por alguns alunos, com *Memórias póstumas de Brás Cubas* pode estar relacionada com a inabilidade deles diante de uma narrativa que, além de dificultar a decodificação pragmática pertinente nas leituras usuais, desestabiliza a ideia tradicional de narrativa em que existe uma ordem cronológica dos acontecimentos, um enredo com clímax e um desfecho. O aluno não foi preparado para entender a experimentação com a linguagem, não lê o livro como uma proposta estética inovadora do romance tradicional, não compreende em que medida uma inovação formal se articula com questões de sua vida prática. Isso significa que, se o discente não foi preparado para ler Machado de Assis, certamente definirá o autor oitocentista como chato, ultrapassado e desligado de sua vida e dos problemas contemporâneos. O aluno acredita que Machado, e outros autores clássicos, seja enfadonho porque, em geral, não foi capacitado para ler literatura nem para compreender a especificidade dos gêneros literários.

3.3.1 Uma proposta de trabalho com os clássicos sob diferentes gêneros

O professor não deve negligenciar, em sala de aula, o conjunto dos grandes autores da literatura brasileira, o chamado cânone, sob o pretexto de "fazer que os alunos leiam". Ler outros gêneros textuais não significa aulas de literatura, pois essas só se configuram quando demandam um trabalho com o texto estético em sua máxima experimentação com a linguagem. Em geral, os escritores canônicos são grandes experimentadores da linguagem e circulam por gêneros literários diferentes, que podem ser mais ou menos adaptáveis a determinada turma.

Ainda no caso de Machado de Assis, basta recordar seu trabalho como cronista – lembre-se das séries "Balas de estalo", "Bons dias!" ou "A semana" – para reconhecer um texto literário que, em poucas páginas e em um tom divertido, propõe discussões importantes e bastante contemporâneas. Nessas crônicas, encontram-se temas que certamente os adolescentes teriam prazer em discutir, pois estão estreitamente ligados à realidade deles. Por exemplo, a sujeição do homem à máquina que passa a dominá-lo ("A semana", 16 de outubro de 1892); a opressão intelectual sofrida por classes menos favorecidas socialmente ("Bons dias!", 19 de maio de 1888); a prescrição de normas sociais às quais todos devem ajustar-se para viver em sociedade ("Balas de estalo", 4 de julho de 1883); a conveniência pessoal de posicionamentos políticos ("Bons dias!", 11 de maio de 1888); a complicada necessidade de ajuste da vontade individual para "ser aceito" em sociedade ("A semana", 2 de outubro de 1892).

O professor pode recorrer também aos contos machadianos em que esses temas reaparecem sob nova forma, assim como aos romances mais sofisticados do autor. A turma não se furtará a discutir o amor proibido ("Uns braços"), a sedução ("Noite de galo"), a adequação às normas sociais e sua subversão ("O espelho"), os valores da sociedade burguesa ("O medalhão"), a repressão de desejos mais íntimos ("D. Benedita"), para citar poucos exemplos, pois são assuntos que instigam a todos, que estão nas vidas de todos. Entretanto, vale lembrar que a forma como a literatura propõe essas discussões é singularíssima, pois não está baseada em convenções; muito pelo contrário, tenta distanciar-se delas, retirando a língua de seu lugar comum, reinventando-a.

Uma boa maneira de começar a abordar a literatura em sala de aula é por meio do gênero lírico, porque talvez seja o que mais evidencia a especificidade do texto literário, a necessidade de uma leitura diferente da leitura objetivada e o caráter livre da linguagem literária. O aluno precisa compreender que o "signo estético" (a palavra no texto literário) é diferente do "signo utilitário" (a palavra no texto pragmático). No primeiro caso, a palavra (signo estético), que representa um objeto, geralmente pretende afastar-se desse objeto. Como exemplo, tome-se um trecho de um texto do poeta Capek: "O que é isso? – Um lenço. Isto não é um lenço. É uma bela mulher apoiada perto da janela. Traz uma vestimenta branca e sonha com o amor..." (apud TOLEDO, 1970, p. 126). A palavra "lenço", no texto poético, está distanciada do seu referente que possui uma função na vida prática: limpar, enxugar a face. No poema, lenço se transforma em uma metáfora para novos entendimentos; esse procedimento libera a palavra de seu uso e compreensão comuns, permitindo aos leitores ver o objeto de uma nova maneira, de acordo com sua experiência subjetiva. Quando o aluno percebe a metáfora pela via da "corrupção" da linguagem ordinária, o texto literário se torna motivador para ele, pois o adolescente também guarda em si – em maior ou menor potencial e de diferentes modos – uma vontade de transgressão daquilo que lhes é imposto.

3.3.2 Pensando uma aula com o gênero lírico

Texto

Uma didática da invenção

As coisas que não existem

São as mais bonitas.

Felisdônio

I

[...]

Desaprender 8 horas por dia ensina os princípios.

II

Desinventar objetos. O pente, por exemplo.

Dar ao pente funções de não pentear. Até que

ele fique à disposição de ser uma begônia. Ou

uma gravanha.

Usar algumas palavras que ainda não tenham

idioma.

III

Repetir repetir — até ficar diferente.

Repetir é um dom do estilo.

[...]

VII

No descomeço era o verbo.

Só depois é que veio o delírio do verbo.

O delírio do verbo estava no começo, lá

onde a criança diz: Eu escuto a cor dos

passarinhos.

A criança não sabe que o verbo escutar não
funciona para cor, mas para som.
Então se a criança muda a função de um
verbo, ele delira.
E pois.
Em poesia que é voz de poeta, que é a voz
de fazer nascimentos –
O verbo tem que pegar delírio.

IX

Para entrar em estado de árvore é preciso
partir de um torpor animal de lagarto às
3 horas da tarde, no mês de agosto.
Em 2 anos a inércia e o mato vão crescer
em nossa boca.
Sofreremos alguma decomposição lírica até
o mato sair na voz.
Hoje eu desenho o cheiro das árvores.

X

Não tem altura o silêncio das pedras.

(BARROS, 2013, p. 275)

O professor pode utilizar fragmentos do poema "Uma didática da invenção", do poeta Manoel de Barros, para mostrar como a leitura literária deve acionar uma decodificação diferenciada da requerida na leitura de outro gênero textual não literário. No caso da literatura, essa decodificação requer e estimula uma experiência menos condicionada e mais subjetiva do mundo. Nessa esteira, o professor está abordando a especificidade do texto estético o que, posteriormente, favorece a aceitação do aluno no trabalho com outros gêneros literários.

Então, é importante destacar nessa aula sobre poesia:

- Na poesia lírica, existe uma aproximação entre o poeta e aquilo que está sendo observado por ele. Essa aproximação sentimental oferece um caráter singular àquilo que está sendo "descrito". Nessa percepção subjetiva do poeta do "objeto", recria-se o elemento observado, imprimindo-lhe uma significação muito maior que a existente no contexto "original". Note-se, no poema selecionado, que, quando o poeta "descreve" um pente, esse objeto pode ser recriado como uma begônia ou até outras flores, segundo leituras individualizadas, que têm a ver com as experiências de vida de cada um. Assim, importa observar que o professor deve estimular a leitura (a decodificação) subjetiva do poema pelo aluno, permitir que o discente sinta, de sua maneira, aquilo que lê, pois a poesia não pede uma interpretação correta, mas, muito pelo contrário, uma pluralidade de leituras sensíveis. A dinâmica de leituras em sala de aula realizadas em pequenos grupos de alunos, em que eles conversam e anotam suas impressões para posterior socialização dos resultados, sob diferentes formas, costuma ser muito profícua e estimulante.

- A linguagem literária faz o leitor "desaprender" os sentidos usuais das categorias gramaticais, da sintaxe, das palavras, ou seja, liberta a língua de suas convenções e ensina a revê-la de maneiras diferentes, ligadas à experiência particular do mundo e da vida, isto é, à subjetividade do leitor. O poema instala uma nova lógica da linguagem, em que, de acordo com o poema, a criança pode dizer que escuta a cor dos passarinhos. Essa ideia liberta o verbo de sua situação corriqueira de uso. Semelhante libertação ocorre com outras classes gramaticais no poema: o mato pode sair da voz, o poeta pode desenhar o cheiro das árvores, o silêncio das pedras não tem altura. Nesse exercício de deslocamento do uso convencional das classes das palavras e dos sentidos delas, o aluno reavalia também, segundo sua experiência subjetiva, sua forma de se posicionar no mundo, de entendê-lo e de enfrentá-lo.

PARA FINALIZAR

Em resumo, conhecer a especificidade do objeto literário, ter intimidade com a forma particular de comunicação dele, entender a diferença entre gêneros textuais e gêneros literários, reconhecer a particularidade de cada um dos gêneros literários são requisitos básicos para uma boa aula de literatura. Mais além, para que a aula tenha êxito – no sentido do desenvolvimento pleno do sujeito –, é necessário selecionar um gênero literário que melhor se adapte à turma com a qual o professor está trabalhando. Se a turma não possui base sobre a linguagem literária, uma boa opção é começar esse trabalho pelo gênero lírico, já que muitos poemas constituem verdadeiras aulas de teoria literária, sem abordar os termos técnicos implicados nessa importante disciplina e dispensáveis para alunos do Ensino Médio.

REFERÊNCIAS BIBLIOGRÁFICAS

BARROS, Manoel. **Poesia completa**. São Paulo: LeYa, 2013.

CANDIDO, Antonio. O direito à literatura. In: _____. **Vários escritos**. São Paulo: Duas Cidades; Rio de Janeiro: Ouro sobre Azul, 2004.

CARA, Salete de Almeida. **A poesia lírica**. São Paulo: Ática, 1989.

COUTINHO, Afrânio. **A literatura no Brasil**. São Paulo: Global, 2003.

ISER, Wolfgang. Os atos de fingir ou o que é fictício no texto ficcional. In: LIMA, Luiz Costa (Org.). **Teoria da literatura em suas fontes**. Rio de Janeiro: Civilização Brasileira, 2002.

LIMA, Luiz Costa. A questão dos gêneros. In: _____. **Teoria da literatura em suas fontes**. Rio de Janeiro: Francisco Alves, 1983.

PESSOA, Fernando. **Poesias**. Porto Alegre: L&PM, 1997.

SOARES, Angélica. **Gêneros literários**. São Paulo: Ática, 1989.

SOUZA, Roberto Acízelo. **Teoria da literatura**. São Paulo: Ática, 2007.

TOLEDO, Dionísio de Oliveira. **Teoria da literatura:** formalistas russos. Porto Alegre: Globo, 1971.

ZILBERMAN, Regina. **Estética da recepção e história da literatura**. São Paulo: Ática, 2004.

4

Literatura e outras artes, uma contribuição à discussão

Anélia Montechiari Pietrani

Este capítulo propõe uma reflexão sobre a leitura e o estudo do texto literário a partir da interface da literatura com outras manifestações artístico-culturais, sugerindo encaminhamentos teóricos e práticos a serem desenvolvidos nas aulas de literatura. Sobre essa questão, três aspectos são abordados: o diálogo entre a literatura e outras artes, a recriação do texto literário em outras produções artísticas e a seleção e combinação de elementos de outras manifestações artísticas como constituintes imanentes ao texto literário.

No verão de 1951, Dylan Marlais Thomas (1914-1953) recebeu de um jovem estudante de Laugharne, no País de Gales, um questionário com cinco questões a respeito da arte da poesia, que deveriam ser respondidas pelo poeta galês. O rapaz tinha esperança de que as palavras do poeta o ajudassem em seus estudos. Com seriedade e candura, Thomas fez a tarefa. À primeira pergunta – por que e como ele teria começado a escrever poesia e que poetas ou tipos de poesia o influenciaram –, ele respondeu que quis escrever poesia porque caiu de amores pelas palavras, as palavras em sua imanência.

O que as palavras representavam, simbolizavam ou significavam tinha uma importância muito secundária; o que importava era o som delas como as ouvi pela primeira vez nos lábios dos distantes e incompreensíveis adultos que pareciam, por alguma razão, viver em meu mundo. E essas palavras eram, para mim, como podiam ter sido as notas dos sinos, os

Tradução nossa: Cf. texto no original: "What the words stood for, symbolised, or meant, was of very secondary importance; what mattered was the *sound* of them as I heard them for the first time on the lips of the remote and incomprehensible grown-ups who seemed, for some reason, to be living in my world. And these words were, to me, as the notes of bells, the sounds of musical instruments, the noises of wind, sea, and rain, the rattle of milk-carts, the clopping of hooves on cobles, the fingering of branches on a window pane, might be to someone, deaf from birth, who has miraculously found his hearing. I did not care what the words said, overmuch, nor what happened to Jack & Jill & the Mother Goose rest of them; I cared for the shapes of sound that their names, and the words describing their actions, made in my ears; I cared for the colours the words cast on my eyes".

Notas sobre a arte da poesia: O fragmento citado foi extraído do prefácio à obra *The poems of Dylan Thomas*, organizado por seu amigo e doutor em Literatura e Música, Daniel Jones, que também fez a introdução ao livro e as notas aos poemas. O texto utilizado como prefácio, intitulado "Notes on the art of poetry", foi escrito por Thomas a partir das cinco perguntas feitas pelo jovem »»

sons dos instrumentos musicais, os ruídos do vento, do mar e da chuva, o chacoalhar da carroça de leite, o galope dos cascos no calçamento, o dedilhado dos ramos no vidro de uma janela para alguém que, surdo de nascença, tenha encontrado miraculosamente sua audição. Não me importava o que as palavras diziam nem o que acontecia com Jack & Jill & Mamãe Gansa; eu me importava com as formas dos sons de seus nomes e as palavras descrevendo suas ações, criadas em meus ouvidos; eu me importava com as cores que as palavras lançavam nos meus olhos (THOMAS, 2003, p. xv, grifo do autor, tradução nossa).

As palavras têm sons, cores e formas; elas habitam o mundo que, com sons, cores e formas próprios, torna, por sua vez, à palavra, como se transitassem ambos, mundo e palavra, uma rua de mão dupla. Thomas, nessas suas "Notas sobre a arte da poesia", faz seu leitor perceber que a alfabetização no mundo da vida e no mundo da palavra acontece simultaneamente. O poeta nasce porque é capaz de descobrir nas palavras, que um dia foram ou ainda são mundo, o que nelas há de matéria perceptível pela intelectividade e sensibilidade humanas. Com o poeta, nasce seu leitor, e este não é menos desejoso de ritmo, cor, forma, peso, odor, leveza, perfume, movimento, que se conjugam na sensualidade do texto literário.

A partir disso, propõe-se abrir uma reflexão sobre as relações que existem entre a literatura e outras produções artístico-culturais. O que parece fundamental ressaltar, inicialmente, é que a linguagem poética ou, caso se prefira, a função poética da linguagem, para usar a expressão de Roman Jakobson, não é exclusividade da poesia. A combinação e seleção de elementos que tornam poético determinado texto, tanto o verbal quanto o não verbal, podem ser intercambiados: poesia pode virar quadro; romance pode virar filme ou peça de teatro; palavra pode virar música. Isso porque a obra "original" já traz em si aquele elemento que é sorvido como o "problema comum" a ambas as manifestações artísticas. A questão consiste em perceber as diferentes manifestações da linguagem poética na palavra escrita da literatura, na palavra ouvida da música, na palavra colorida do desenho e da pintura, na palavra fixa da escultura, na palavra cinésica do cinema.

Nesse sentido, três caminhos se apresentam nesta discussão: (1) um texto literário pode ser lido em diálogo com outras manifestações artísticas, sem que um tenha sido escrito a partir de outro; (2) um texto literário pode ser recriado em outra(s) manifestação(ões) artística(s); (3) um texto literário já traz em si elementos que foram selecionados de outras manifestações artísticas e se combinam no próprio texto. As seções a seguir exemplificam esses caminhos de leitura e estudo do texto literário.

4.1 LITERATURA EM DIÁLOGO

O poeta baiano Gregório de Matos (1633–1696), o grande expoente do Barroco brasileiro no século XVII, notabilizado por sua veia satírica como o Boca do Inferno, tem em um de seus poemas de caráter religioso um excelente exemplo para a demonstração do dialogismo entre a poesia e as artes plásticas. Antes da leitura do poema de Matos, observe-se, atentamente, o quadro *A flagelação*, de Caravaggio (1573-1610), pintor barroco italiano:

Figura 4.1 – *A flagelação*, Caravaggio, óleo sobre tela, 286 cm × 213 cm. Museo di Capodimonte, Nápoles, Itália.

As principais características da pintura barroca centram-se na ruptura do equilíbrio entre o sentimento e a razão que os artistas renascentistas procuravam realizar. Na obra barroca, predominam as emoções e não o racionalismo da arte do Renascimento. As cenas representadas nos quadros barrocos são acentuadas pelo contraste de claro-escuro e, consequentemente, pela intensificação da expressão de sentimentos.

Nas obras de Caravaggio, especialmente, a forma revolucionária como o pintor usa a luz é reveladora da intenção do artista em

»» estudante de Laugharne. Segundo Jones, o poeta aparentemente não pôde finalizar essas reflexões, mas as tomou bastante a sério, usando muitas delas como introduções a suas leituras públicas nos Estados Unidos, nos anos de 1952 e 1953, e o resultado foi esse importante texto sobre a arte da poesia.

Roman Jakobson: Nascido em 1896, em Moscou, Roman Jakobson foi um dos fundadores do Círculo Linguístico de Moscou (1915-1920), de onde nasceria o grupo dos formalistas russos, os pioneiros no moderno estudo científico da arte literária. O linguista russo sempre demonstrou interesse pelas manifestações de arte de vanguarda, especialmente do cubismo e do futurismo russo, e pela poesia, tendo sido, inclusive, amigo pessoal de Maiakovski. No texto *Linguística e poética*, publicado originalmente em 1960, Jakobson estudou, a partir dos seis fatores da comunicação verbal, as seis diferentes funções da linguagem: emotiva, conativa, referencial, fática, metalinguística e poética.

1633: Existe uma controvérsia com relação ao ano de nascimento de Gregório de Matos. José Miguel Wisnik cita 1633 ou 1636 como ano de nascimento do autor.

aguçar os contrastes mostrados na pintura conforme o assunto que trata e dirigir a atenção do observador. Nesse quadro de 1607, a última tela do pintor italiano, o rosto sereno do Cristo, sobre o qual incide a luz do quadro, tem um brilho que contrasta com os rostos dos carrascos, com os quais se compõe uma dança grotesca e cruel.

Observe-se agora como o soneto "Buscando a Cristo", de Matos, transcrito a seguir, pode ser lido em diálogo com o quadro de Caravaggio:

Buscando a Cristo

A vós correndo vou, braços sagrados,

Nessa cruz sacrossanta descobertos,

Que, para receber-me, estais abertos,

E, por não castigar-me, estais cravados.

A vós, divinos olhos, eclipsados

De tanto sangue e lágrimas abertos,

Pois, para perdoar-me, estais despertos,

E, por não condenar-me, estais fechados.

A vós, pregados pés, por não deixar-me,

A vós, sangue vertido, para ungir-me,

A vós, cabeça baixa, p'ra chamar-me

A vós, lado patente, quero unir-me,

A vós, cravos preciosos, quero atar-me,

Para ficar unido, atado e firme.

(MATOS, 1981, p. 300)

No soneto de Gregório de Matos, a visualidade é elemento marcante presente na palavra que descreve o corpo de Cristo torturado e na imagem do Cristo pregado na cruz, que se constrói plasticamente no poema. Poesia e pintura, com suas matérias-primas específicas (palavras e tintas, tropos e cores, papel e tela), unem-se no mesmo objeto que inspira a construção desse soneto e do quadro que é descrito/pintado por Gregório de Matos: a salvação do eu lírico que se confronta com sua consciência dividida entre o pecado e o perdão, cujas tensões só são resolvidas no plano da linguagem (poética e pictórica). O jogo de palavras antitéticas (receber/castigar, abertos/fechados, eclipsados/despertos, perdoar/condenar) dialoga com o jogo claro-escuro da pintura barroca, acentuado pelas cores contrastantes dos elementos "sangue" e "lágrimas", presentes no poema. A presença das metonímias, referidas a cada parte ou elemento do corpo de Cristo torturado e pregado na cruz (braços, olhos, pés, sangue, cabeça, lado, cravos), faz o leitor perceber o pincel do pintor-poeta na tela-papel da pintura e do poema. Ainda sobre o jogo de luz e sombras trabalhado pelo poeta e pelo pintor, pode-se dizer que a luz do poema (e, por extensão, do quadro que se visualiza no soneto de Gregório de Matos) está centrada na figura do Cristo em união com o próprio eu lírico, como se evidencia no último verso do poema em que os três adjetivos (unido, atado, firme) se unem não só no plano semântico como também no plano visual e plástico: o eu lírico se une em palavra e em figura à imagem de Cristo.

Convém ressaltar que a exploração da visualidade é marca recorrente em textos de Gregório de Matos, não só – como apontado – com vistas a um diálogo entre poesia e artes plásticas. O curioso soneto de Gregório de Matos, abaixo reproduzido, assume relevância nos estudos atualíssimos da poesia visual e pode ser lido e visto como um antecipador do "poema-limite da Modernidade", conforme Haroldo de Campos definiu "Un coup de dés" (2011, p. 41), do poeta francês Stéphane Mallarmé (1842-1898).

"Un coup de dés": Publicado no número de maio de 1897 da revista *Cosmópolis*, foi um poema revolucionário de Mallarmé não apenas em relação a metáforas, metonímias, elipses, rimas ricas, *enjambements* e metalinguagem, habituais no autor, mas, principalmente, em função dos elementos da estrutura poética, como o espaçamento do texto, a distribuição constelar das palavras na página, o espaço em branco, a variação tipográfica, a fragmentação da frase e do discurso e a exploração da visualidade do poema no papel. O poema foi adotado como pilar do Concretismo nos anos de 1950 no Brasil, movimento de que fizeram parte Haroldo de Campos, Augusto de Campos e Décio Pignatari.

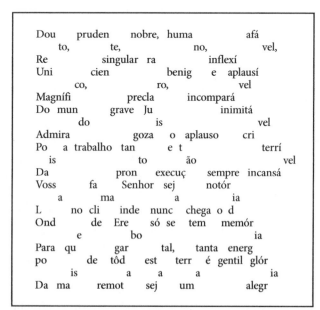

Figura 4.2 – *Ao mesmo desembargador Belchior da Cunha Brochado.*

Alguns de seus contemporâneos já exploravam a visualidade na forma do poema: Pode-se citar, por exemplo, *La dive bouteille*, do escritor francês François Rabelais (1483-1553), que forma a figura de uma garrafa, e o soneto labiríntico atribuído a Pedro Pablo Tomar, publicado em Madri, no ano de 1685, na obra *Cantos fúnebres de los cisnes*, que faz parte do acervo da Biblioteca Nacional.

O poema apresentado, de caráter encomiástico, é um bom exemplo de como Gregório de Matos explora a visualidade do texto escrito distribuindo na página os quatorze versos do soneto, com o aproveitamento de letras equivalentes das palavras em cada dístico. Ainda que não seja propriamente uma inovação poética, pois poetas anteriores a ele e mesmo alguns de seus contemporâneos já exploravam a visualidade na forma do poema, esse poema conjuga o "poema discursivo", pois é de fato um soneto, que por si só já tem uma forma fixa, uma imagem imutável, e o "poema visual", uma vez que, mesmo sem utilizar nem formar figura alguma, as próprias palavras são distribuídas de maneira constelar no papel, de modo que outros espaços, e não apenas o da linha reta do verso, são aproveitados na página. É com base nessa preocupação com a estrutura poética manifestada por esse poeta barroco que se pode afirmar que, na arte produzida no Brasil colônia do século XVII, Gregório de Matos coloca o leitor diante de um "soneto concretista".

4.2 LITERATURA EM RECRIAÇÃO

Desafio aos leitores desde sua publicação, em 1881, o romance *Memórias póstumas de Brás Cubas*, de Machado de Assis (1839-1908), pode ser estudado em diálogo com suas três versões para o cinema: *Viagem ao fim do mundo* (1968), de Fernando Coni Campos; *Brás Cubas* (1985), de Julio Bressane; e *Memórias póstumas* (2001), de André Klotzel. Melhor que caracterizar essas produções fílmicas como adaptações, convém observá-las como três formas de leitura do romance, pois cada uma dessas versões representa um leitor diferente de Machado de Assis.

Tradução intersemiótica: Em "Aspectos linguísticos da tradução", Jakobson considera três espécies de tradução: a tradução intralingual ou reformulação (*rewording*), que consiste na interpretação dos signos verbais por meio de outros signos da mesma língua; a tradução interlingual ou tradução propriamente dita, que consiste na interpretação de signos verbais por meio de alguma outra língua; e a tradução intersemiótica ou transmutação, que consiste na interpretação dos signos verbais por meio de sistemas de signos não verbais.

A reflexão sobre o processo de leitura do texto machadiano por esses três leitores-diretores conduz à compreensão do conceito de tradução intersemiótica, termo de Jakobson, aliado ao de tradução como transcriação, proposto pelo poeta e tradutor Haroldo de Campos que, compartilhando das concepções de Walter Benjamin em "A tarefa do tradutor", considera que a tradução que busca apenas o sentido do vocábulo se perde em conteúdos inessenciais e a que privilegia a forma "será sempre *recriação*, ou criação paralela, autônoma porém recíproca. Quanto mais inçado de dificuldades esse texto, mais recriável, mais sedutor enquanto possibilidade aberta de recriação" (CAMPOS, 1992, p. 35, grifo do autor).

Do ensaio de Benjamin, destaca-se o seguinte fragmento que, apesar de longo, é elucidativo do que se está expondo:

Capítulo 4 Literatura e outras artes, uma contribuição à discussão   73

É mais do que evidente que uma tradução, por melhor que seja, jamais poderá significar algo para o original. Entretanto, graças à traduzibilidade do original, a tradução se encontra com ele em íntima conexão. E, aliás, essa conexão é tanto mais íntima quanto para o próprio original ela nada mais significa. É lícito chamá-la de original ou, mais precisamente, de conexão de vida. Como as manifestações da vida estão intimamente ligadas ao ser vivo, sem significarem nada para ele, assim a tradução procede do original. Na verdade, ela deriva tanto da sua vida quanto de sua "sobrevida" (Überleben). Pois a tradução é posterior ao original e assinala, no caso de obras importantes, que jamais encontram à época de sua criação seu tradutor de eleição, o estágio de sua "pervivência". A ideia da vida e da "pervivência" das obras de arte deve ser entendida em sentido inteiramente objetivo, não metafórico. O fato de que não seja possível atribuir vida unicamente à corporeidade orgânica foi intuído mesmo por épocas em que o pensamento era dos mais preconceituosos. Mas não por isso se trata de estender o império da vida sob o débil cetro da alma, da maneira tentada por Fechner; menos ainda, trata-se de poder definir a vida a partir de aspectos da animalidade, ainda menos propícios a servirem de medida, como a sensação, que apenas ocasionalmente é capaz de caracterizá-la. É somente quando se reconhece vida a tudo aquilo que possui história e que não constitui apenas um cenário para ela, que o conceito de vida encontra sua legitimação. Pois é a partir da história (e não da natureza – muito menos de uma natureza tão imprecisa quanto a sensação ou a alma) que pode ser determinado, em última instância, o domínio da vida. Daí deriva, para o filósofo, a tarefa: compreender toda vida natural a partir da vida mais abrangente que é a história. E não será ao menos a "pervivência" das obras incomparavelmente mais fácil de reconhecer do que a das criaturas? A história das grandes obras de arte conhece sua descendência a partir das fontes, sua configuração na época do artista, e o período de sua "pervivência", em princípio eterna, nas gerações posteriores. Quando surge, essa continuação da vida das obras recebe o nome de fama. Traduções que são algo mais do que meras transmissões surgem quando uma obra tiver chegado, na continuação da sua vida, à época de sua fama. Por isso, elas não estão tanto a serviço de sua glória (como costumam alegar os maus tradutores em favor de seu trabalho) quanto lhe devem sua existência. Nelas, a vida do

"Pervivência": A tradutora opta por usar o neologismo "pervivência" em sua tradução do texto de Benjamin nas ocorrências da palavra *Fortleben*, acatando a sugestão de Haroldo de Campos que, sobre o termo alemão e a "pervivência" de Gregório de Matos na literatura brasileira, diz em *O sequestro do barroco*: "De pervivência se trata: *Fortleben*, como diz Walter Benjamin quando fala da sobrevivência das obras literárias para além da época que as viu nascer" (2011, p. 63). Ao que acrescenta em nota de fim de página: "No conceito de *Fortleben*, ou 'pervivência' da obra para além da época de sua produção, relevam as notas de 'transformação' (*Wandlung*) e de 'renovação' (*Erneuerung*); a isso Benjamin chama o 'pós-amadurar' (*Nachreife*) da linguagem da obra" (2011, p. 99).

Traição: A título de curiosidade, convém destacar que, em latim, *traditor* é tanto aquele que transmite quanto o que trai; em italiano, traduzir é *tradurre*, que tem o mesmo radical de *tradire*, que significa "trair". *Tradutore, traditore* ("tradutor, traidor"), diz o brocardo italiano.

Filmes: Sobre os três filmes e a descrição detalhada dos recursos cinematográficos neles empregados, recomenda-se a leitura da tese de doutorado de Lena Pinto Mendes, defendida em 2013, na Universidade »»

original alcança, de maneira constantemente renovada, seu mais tardio e mais abrangente desdobramento (BENJAMIN, 2011, p. 105).

Exatamente nesse trecho do ensaio de Walter Benjamin acerca de seus estudos sobre a tradução, a tradutora do texto alemão para o português, Susana Kampff Lages, esclarece em nota de rodapé que o autor emprega três substantivos, *Leben* ("vida"), Überleben ("sobrevivência", "sobrevida") e *Fortleben* ("o continuar a viver", no sentido literal do termo, ou "pervivência", neologismo empregado por Haroldo de Campos para a tradução do termo alemão), para a compreensão da relação dialógica que existe entre o texto original e o traduzido. Desses três termos, toma-se aqui de empréstimo o sentido de *Fortleben* como "pervivência", acatando o neologismo de Campos, também empregado por Lages em sua tradução. Acredita-se que "perviver" é um termo fundamental também para a compreensão e reflexão do processo de recriação entre diferentes manifestações artísticas a partir da literatura.

Considerando que todo ato de tradução conjuga em si a fidelidade e a traição à obra original, representando de alguma forma uma perda (e um ganho), o ato de traduzir supera a ideia de continuação da vida por sobrevivência e se desdobra a partir de sua matriz original no ato criador e transcriador executado pelo tradutor, pervivendo na obra traduzida. Uma questão fundamental aqui se aplica: em que medida a obra de Machado de Assis pervive nos filmes referidos? O que pervive de Machado nesses filmes? E, por sua vez, o que transvive do filme e do cinema a partir do livro de Machado? Em uma rua de mão dupla, em que a intersemiose transita, o que o cinema "sorve" da literatura e o que a literatura "sorve" do cinema? Em se tratando do texto de Machado de Assis, eivado de vazios e prenhe da participação do leitor, que é conclamado no texto machadiano a dele participar como coautor, esses questionamentos são cruciais e reveladores do dinamismo da obra de arte e, por extensão, da obra machadiana e da obra cinematográfica, não só em seu aspecto conteudístico como também – e principalmente – estrutural.

Um primeiro aspecto que ressalta aos olhos diz respeito ao título de cada um dos filmes: nenhum deles tem o mesmo título do livro *Memórias póstumas de Brás Cubas*. O filme de Fernando Coni Campos constitui-se de um recorte do livro de Machado de Assis, estruturado a partir de apenas dois capítulos da obra – "O delírio" e "O senão do livro" – e de referências a outras fontes. A película de Julio Bressane capta a metalinguagem como elemento básico estruturador do livro de Machado, que é aproveitada na construção do filme. A forma do texto machadiano, para Bressane, seria uma antecipação inovadora em Machado de Assis da linguagem cinematográfica. O filme de André Klotzel, por sua vez, faz a reprodução literal dos diálogos do livro. Klotzel, nesse sentido, demonstra preocupação muito maior com a transmissão do enredo e das ações narradas no romance, diferentemente de Coni Campos e Bressane, que parecem privilegiar em suas versões a estrutura e a forma machadianas.

»» Federal Fluminense, intitulada: Memórias póstumas de Brás Cubas no cinema em três versões.

O resultado de cada uma dessas releituras é, portanto, uma interpretação da função que o livro e o filme têm para o leitor e o espectador, dependendo do que é oferecido como algo além ou aquém do original, como recorte, como colagem, como adaptação, como recriação, como transcriação, com perdas e ganhos de uma e outra manifestação artística. O "sucesso" de cada filme depende não apenas da criatividade e da habilidade de cada roteirista e diretor como também das decisões que cada um tomou, sacrificando algo ou recuperando algo equivalente do original em cada uma das traduções intersemióticas de *Memórias póstumas de Brás Cubas*.

Mais do que assistir aos três filmes e ler o romance machadiano, a comparação entre os quatro e os diálogos que deles decorrem contribuem sobremaneira para a reflexão de seu leitor e de seu espectador sobre o papel que exerce na recepção da obra. Não se trata aqui de propor meramente que "cada um tem uma leitura diferente" do texto de Machado, ou que "cada um faz uma leitura pior ou melhor", o que redundaria em uma visão bem reducionista do sentido do ato de ler. O que se propõe aqui é levar o aluno a constatar que a tarefa de crítica de uma obra e a de leitura se interligam como possibilidade de criação: ler é também um ato criador, em que devem ser considerados a faixa etária, a época de realização da obra, a época de leitura dessa obra, o propósito e projeto de leitura, a história de vida e a visão de mundo do leitor.

A isso está irremediavelmente ligado o "sucesso" da tradução, da recriação, da versão ou mesmo, caso se prefira, da adaptação da literatura para o cinema. E não se atribui ao vocábulo "sucesso" apenas o sentido utilitarista e lucrativo acerca da relação entre mercado e cinema, principalmente ao se considerar também a "legibilidade" de um filme pelo público, tendo em vista que o cinema, como produção tecnocultural de uma sociedade capitalista, compete em um mercado de filmes regido por leis de consumo e "precisa" harmonizar-se com tais leis de mercado.

Valor: A respeito da reflexão sobre "valor de culto" e "valor de exposição" da obra de arte, considera-se oportuna e elucidativa a leitura do texto "A obra de arte na era de sua reprodutibilidade técnica", de Benjamin.

Outra discussão também merece ser encetada. Pode-se e deve-se suscitar no aluno-leitor, espectador e crítico, a reflexão sobre a relação entre o sucesso da literatura por meio de outra manifestação artística – no caso, o cinema – e o "sonho" do cinema, que conjuga em seu projeto inicial uma linguagem universal, portanto mais democrática, da qual não se excluem os analfabetos – antes, estes se aproximam e participam ativamente como receptores e leitores de obra de arte. A literatura, via cinema, pode assim ser transferida de seu lugar de valor de culto e contemplação, recolhida em museus e com seus poetas nos claustros das torres de marfim, para o de exposição e aproximação ao coletivo.

A discussão sobre a questão é atualíssima. Se ela teve origem no embate – que só houve, de fato e felizmente, para os fatalistas de plantão, já que o filme não acabou nem acabará com o livro – entre literatura e cinema, hoje não é menos importante a discussão sobre a relação entre literatura e internet. As ferramentas da tecnologia da informação e as redes sociais se tornaram uma das mais importantes formas de divulgação das manifestações artísticas em geral: literárias, musicais, cênicas, plásticas e cinematográficas. Além disso, a revolução digital assumiu importância fundamental também no processo de produção e criação artística, modificando e redesenhando o momento de criação das obras e a relação do artista com o próprio trabalho. Poetas, cronistas, contistas e romancistas publicam em seus *blogs*, divulgam seus trabalhos com maior rapidez e visibilidade, sem contar que os recursos tecnológicos entraram definitivamente na composição e na estruturação de textos, de que se tem um excelente exemplo: a poesia visual e digital.

4.3 LITERATURA EM COMBINAÇÃO

Um aspecto ainda a se considerar acerca das discussões sobre a literatura e seu diálogo com outras artes diz respeito à presença intrínseca no texto de elementos de diferentes manifestações artísticas. Neste segmento, são apresentados dois exemplos que bem conjugam as artes plásticas e a música na construção não só de sentido dos textos como também em seu aspecto estrutural como construção de linguagem. O primeiro exemplo é um fragmento de *Os sertões*, de Euclides da Cunha, intitulado "As caatingas", transcrito a seguir:

As caatingas

Então, a travessia das veredas sertanejas é mais exaustiva que a de uma estepe nua.

Capítulo 4 Literatura e outras artes, uma contribuição à discussão

Nesta, ao menos, o viajante tem o desafogo de um horizonte largo e a perspectiva das planuras francas.

Ao passo que a caatinga o afoga; abrevia-lhe o olhar; agride-o e estonteia-o; enlaça-o na trama espinescente e não o atrai; repulsa-o com as folhas urticantes, com o espinho, com os gravetos estalados em lanças; e desdobra-se-lhe na frente léguas e léguas, imutável no aspecto desolado: árvores sem folhas, de galhos estorcidos e secos, revoltos, entrecruzados, apontando rijamente no espaço ou estirando-se flexuosos pelo solo, lembrando um bracejar imenso, de tortura, da flora agonizante...

Embora esta não tenha as espécies reduzidas dos desertos – mimosas tolhiças ou eufórbias ásperas sobre o tapete das gramíneas murchas – e se afigure farta de vegetais distintos, as suas árvores, vistas em conjunto, semelham uma só família de poucos gêneros, quase reduzida a uma espécie invariável, divergindo apenas no tamanho, tendo todas a mesma conformação, a mesma aparência de vegetais morrendo, quase sem troncos, em esgalhos logo ao irromper do chão. É que por um efeito explicável de adaptação às condições estreitas do meio ingrato, evolvendo penosamente em círculos estreitos, aquelas mesmo que tanto se diversificam nas matas ali se talham por um molde único. Transmudam-se, e em lenta metamorfose vão tendendo para limitadíssimo número de tipos caracterizados pelos atributos dos que possuem maior capacidade de resistência.

Esta impõe-se, tenaz e inflexível.

A luta pela vida, que nas florestas se traduz como uma tendência irreprimível para a luz, desatando-se os arbustos em cipós, elásticos, distensos, fugindo ao afogado das sombras e alteando-se presos mais aos raios do sol do que aos troncos seculares de ali, de todo oposta, é mais obscura, é mais original, é mais comovedora. O sol é o inimigo que é forçoso evitar, iludir ou combater. E evitando-o pressente-se de algum modo, como o indicaremos adiante, a inumação da flora moribunda, enterrando-se os caules pelo solo. Mas como este, por seu turno, é áspero e duro, exsicado pelas drenagens dos pendores ou esterilizado pela sucção dos estratos completando as insolações, entre dois meios desfavoráveis – espaços candentes e terrenos agros – as plantas mais robustas trazem no aspecto anormalíssimo, impressos, todos os estigmas desta batalha surda.

As leguminosas, altaneiras noutros lugares, ali se tornam anãs. Ao mesmo tempo ampliam o âmbito das frondes, alargando a superfície de contato com o ar, para a absorção dos escassos elementos nele difundidos. Atrofiam as raízes mestras batendo contra o subsolo impenetrável e substituem-nas pela expansão irradiante das radículas secundárias, ganglionando-as em tubérculos túmidos de seiva. Amiúdam as folhas. Fitam-nas rijamente, duras como cisalhas, à ponta dos galhos para diminuírem o campo da insolação. Revestem de um indumento protetor os frutos, rígidos, às vezes, como estróbilos. Dão-lhes na deiscência perfeita com que as vagens se abrem, estalando como se houvessem molas de aço, admiráveis aparelhos para propagação das sementes, espalhando-as profusamente pelo chão. E têm, todas, sem excetuar uma única, no perfume suavíssimo das flores, anteparos intácteis que nas noites frias sobre elas se alevantam e se arqueiam obstando a que sofram de chofre as quedas de temperatura, tendas invisíveis e encantadoras, resguardando-as...

Assim disposta, a árvore aparelha-se para reagir contra o regímen bruto.

Ajusta-se sobre os sertões o cautério das secas; esterilizam-se os ares urentes; empedra-se o chão, gretando, recrestado; ruge o Nordeste nos ermos; e, como um cilício dilacerador, a caatinga estende sobre a terra as ramagens de espinhos... Mas, reduzidas todas as funções, a planta, estivando, em vida latente, alimenta-se das reservas que armazena nas quadras remansadas e rompe os estios, pronta a transfigurar-se entre os deslumbramentos da primavera.

Algumas, em terrenos mais favoráveis, iludem ainda melhor as intempéries, em disposição singularíssima.

Veem-se numerosos aglomerados em capões ou salpintando, isolados, as macegas, arbúsculos de pouco mais de metro de alto, de largas folhas espessas e luzidias, exuberando floração ridente em meio da desolação geral. São os cajueiros anões, os típicos anacardia humilis das chapadas áridas, os cajuís dos indígenas. Estes vegetais estranhos, quando ablaqueados em roda, mostram raízes que se entranham a surpreendente profundura. Não há desenraizá-los. O eixo descendente aumenta-lhes maior à medida que se escava. Por fim se nota que ele vai repartindo-se em divisões dicotômicas. Progride pela terra dentro até a um caule único e vigoroso, embaixo.

Não são raízes, são galhos. E os pequeninos arbúsculos, esparsos, ou repontando em tufos, abrangendo às vezes largas áreas, uma árvore única e enorme, inteiramente soterrada.

Capítulo 4 Literatura e outras artes, uma contribuição à discussão 79

Espancado pelas canículas, fustigado dos sóis, roído dos enxurros, torturado pelos ventos, o vegetal parece derrear-se aos embates desses elementos antagônicos e abroquelar-se daquele modo, invisível, no solo sobre que alevanta apenas os mais altos renovos da fronde majestosa.

Outros, sem esta conformação, se aparelham de outra sorte.

As águas que fogem no volver selvagem das torrentes, ou entre as camadas inclinadas dos xistos, ficam retidas, longo tempo, nas espatas das bromélias, aviventando-as. No pino dos verões, um pé de macambira é para o matuto sequioso um copo d'água cristalina e pura. Os caroás verdoengos, de flores triunfais e altas; os gravatás e ananases bravos, trançados em touceiras impenetráveis, copiam-lhe a mesma forma, adrede feita àquelas paragens estéreis. As suas folhas ensiformes, lisas e lustrosas, como as da maioria dos vegetais sertanejos, facilitam a condensação dos vapores escassos trazidos pelos ventos, por maneira a debelar-se o perigo máximo à vida vegetativa, resultante de larga evaporação pelas folhas, esgotando e vencendo a absorção pelas radículas.

Sucedem-se outros, diversamente apercebidos, sob novos aprestos, mas igualmente resistentes.

As nopaleas e cactus, nativas em toda a parte, entram na categoria das fontes vegetais, de Saint-Hilaire. Tipos clássicos da flora desértica, mais resistentes que os demais, quando decaem a seu lado, fulminadas, as árvores todas, persistem inalteráveis ou mais vívidos talvez. Afeiçoaram-se aos regimens bárbaros; repelem os climas benignos em que estiolam e definham. Ao passo que o ambiente em fogo dos desertos parece estimular melhor a circulação da seiva entre os seus cladódios túmidos.

As favelas, anônimas ainda na ciência – ignoradas dos sábios, conhecidas demais pelos tabaréus – talvez um futuro gênero cauterium das leguminosas, têm, nas folhas de células alongadas em vilosidades, notáveis aprestos de condensação, absorção e defesa. Por um lado, a sua epiderme ao resfriar-se, à noite, muito abaixo da temperatura do ar, provoca, a despeito da secura deste, breves precipitações de orvalho; por outro, a mão, que a toca, toca uma chapa incandescente de ardência inaturável.

Ora, quando ao revés das anteriores as espécies não se mostram tão bem armadas para a reação vitoriosa, observam-se dispositivos porventura mais interessantes: unem-se, intimamente abraçadas, transmudando-se em plantas sociais. Não podendo revidar isoladas, disciplinam-se, congregam-se, arregimentam-se. São deste número todas as cesalpinas e as catingueiras, constituindo, nos trechos em que aparecem, sessenta por cento das caatingas; os alecrins-dos-tabuleiros, e os canudos-de-pito, heliotrópios arbustivos de caule oco, pintalgado de branco e flores em espiga, destinados a emprestar o nome ao mais lendário dos vilarejos...

Não estão no quadro das plantas sociais brasileiras, de Humboldt, e é possível que as primeiras vicejem, noutros climas, isoladas. Ali se associam. E, estreitamente solidárias as suas raízes, no subsolo, em apertada trama, retêm as águas, retêm as terras que se desagregam, e formam, ao cabo, num longo esforço, o solo arável em que nascem, vencendo, pela capilaridade do inextricável tecido de radículas enredadas em malhas numerosas, a sucção insaciável dos estratos e das areias. E vivem. Vivem é o termo — porque há, no fato, um traço superior à passividade da evolução vegetativa...

(CUNHA, 1995, p. 125-129)

O fragmento integra a primeira parte do livro – "A terra" –, que geralmente é lida como um segmento mais seco, cru, objetivo e estaria mais próximo do sentido denotativo e referencial de descrição geográfica do ambiente. O que se observa nesse texto, no entanto, é um jogo simultâneo de aproximação e distanciamento da imagem que o narrador paulatinamente vai construindo. O vocabulário áspero, árduo e bruto na descrição do solo e da vegetação, com a predominância surpreendente de fonemas oclusivos acentuando a música também áspera imanente ao texto, assume sentido se interligado às demais partes do livro – "O homem" e "A luta". Não se trata apenas de o narrador, em um movimento semelhante ao de um *cameraman*, ser um observador da paisagem e fazer-lhe o retrato tal qual o olho vê e relata. A imagem que nele se cria é manejada, modelada, torna-se figura em que árvores, troncos, galhos, raízes não são mais (só) o que parecem ser, mas se conjugam à paisagem interna do narrador e de seu leitor espectador, de modo a se afastar da superfície e escavar o fundo do ser, o ser sertanejo em sua força e em luta constante com seus braços que buscam a terra e lá – profundamente – se enlaçam em vida e pela vida, longe, bem longe de qualquer passividade. Ao falar da terra sertaneja,

Cunha fala também do homem e sua luta. Assim, as três partes que compõem *Os sertões*, jamais dissociadas, integram-se organicamente como construção da obra e seu dinamismo.

Não é (só), portanto, a "imagem da forma" que os olhos nomeiam nesse quadro do sertão como também a "imagem da matéria" que as mãos conhecem e querem fazer conhecer, como propõe Bachelard ao classificar as duas linhas de forças imaginantes da mente – a "imaginação formal" e a "imaginação material" – e ao meditar sobre a tarefa empreendida em busca da beleza da imagem, que, segundo ele, consiste em "discernir todos os sufixos da beleza, tentar encontrar, por trás das imagens que se mostram, as imagens que se ocultam, ir à própria raiz da força imaginante" (BACHELARD, 1997, p. 2). Eis uma questão que se coloca em ponto de igualdade para o escritor e para o pintor e escultor. As imagens da escrita têm, em sua forma, matéria. E, no caso do citado fragmento de Cunha, forma e matéria – e cor, movimento, ritmo, som, pontuação, escolha lexical, organização sintática – são o "problema comum" do texto verbal que traz, intrinsecamente, o não verbal. No espaço maior da poesia, no território muito próprio da criação poética, Euclides da Cunha fecha os olhos ao que vê, e sua mão faz falar e ouvir o que se oculta.

O segundo exemplo a que se remete é o poema "O cacto", de Manuel Bandeira, publicado no livro *Libertinagem*, considerado o livro mais vanguardista de Bandeira e cuja primeira edição data de 1930. O poema segue transcrito abaixo:

> **"O cacto":** No denso ensaio "A beleza humilde e áspera", de onde foram extraídas algumas ideias que são aqui sintetizadas, o crítico Arrigucci estuda detalhada e extensamente o poema "O cacto".

O cacto

Aquele cacto lembrava os gestos desesperados da estatuária:

Laocoonte constrangido pelas serpentes,

Ugolino e os filhos esfaimados.

Evocava também o seco Nordeste, carnaubais, caatingas...

Era enorme, mesmo para esta terra de feracidades excepcionais.

Um dia um tufão furibundo abateu-o pela raiz.

O cacto tombou atravessado na rua,

Quebrou os beirais do casario fronteiro,

Impediu o trânsito de bondes, automóveis, carroças,

Arrebentou os cabos elétricos e durante vinte e quatro horas privou a cidade de iluminação e energia:

– Era belo, áspero, intratável.

Petrópolis, 1925

(BANDEIRA, 1986, p. 205-206)

Em *Libertinagem*, livro que reúne poemas escritos de 1924 a 1930, exemplificam-se as tensões próprias do Modernismo e da obra de Bandeira. Nele, conjuga-se a discussão sobre o arcaico e o moderno, o atraso e o desenvolvimento, as tendências nacionalistas e as vanguardistas, constituindo-se bom exemplo do que o autor chama, em seu *Itinerário de Pasárgada*, "emoção social" (1986, p. 82): um movimento simultâneo "para dentro de si" (a memória, a infância, a doença do poeta) e "para fora" (o momento, o dia a dia, o prosaico), em que o poeta deve "escutar atento" o que vem do cotidiano mais prosaico e mais simples, condensando-o em imagens que mesclam o sublime e o abjeto, o prosaico e o elevado, nas diferentes esferas da realidade, marcadas por tensões que reforçam, consideravelmente, o pictórico em sua poesia.

O título do poema "O cacto", simples combinação de um artigo e um substantivo, sugere que a imagem é descrita a seco, uma estátua, a estatuária do cacto, que "lembrava" a escultura clássica grega, *Laocoonte e seus filhos*, datada de 175-150 a.C., que representa personagens que são referidos na *Eneida*, de Virgílio, no episódio em que é narrada sua trágica morte. O cacto ainda "lembrava" a figura literária do conde pisano Ugolino, que foi preso com seus filhos e netos e morreu de fome, extraída de *A divina comédia*, de Dante Alighieri. Além dessas figuras da escultura e da literatura, também "evocava" o Nordeste brasileiro, sua secura, sua fome, seu sofrimento, sua miséria. A proposta de descrição que se anuncia, portanto, recupera imagens da tradição clássica e seu equilíbrio geômetra, ideal e belo, sem mescla, a que se acrescenta um elemento da natureza do Nordeste brasileiro.

Embora seja alimentado por essa suposta tradição, o poema rompe com ela. A forma plástica do cacto e do quadro que se constrói em torno e a partir dele é feita dramática e tragicamente (não à toa a referência às mortes trágicas de Laocoonte e Ugolino). Resultante de um movimento de simplificação e de deformação, a imagem que se constrói e se destrói no poema resulta em um monstro vegetal, hiperbolicamente gigante, destituído

Capítulo 4 Literatura e outras artes, uma contribuição à discussão

de qualquer elevação, mas não de beleza, ainda que esta esteja mesclada com outros caracteres: ele é "belo", como destaca o monóstico final em um clássico verso decassílabo, se lido em uma cadência mais arrastada e estendida, mas é também esdruxulamente "áspero, intratável"; é sublime e grotesco ao mesmo tempo; é poético e prosaico ao mesmo tempo.

Como uma escultura talhada em pedra, o cacto é também talhado nas palavras que sugerem distanciamento, despojamento e retenção do lirismo, acentuando-lhe a secura. No primeiro verso, o pronome demonstrativo "aquele", que denota distanciamento, contrasta com o pronome "esta" do quinto verso, aproximativo ao poeta e ao leitor. Do mesmo modo, as reticências e os verbos no pretérito imperfeito exemplificam um tempo de memória e um espaço distante. Vem à lembrança também, pelo jogo sonoro e visual, o que estas duas palavras de cadência bem longa, "feracidades excepcionais", sugerem: a palavra "feracidade" traz em seu significante a palavra "fera", que nada tem a ver semanticamente com feracidade, cujo significado é, na verdade, fertilidade; além disso, lidas juntas, acentua-se o som sibilante do /s/ e a relação com as serpentes que matam os filhos de Laocoonte, com o seco Nordeste cujos filhos são mortos pela fome (assim como os de Ugolino) e pela miséria – as feras mais próximas ao homem nesta terra tão excepcional e contraditoriamente fértil, um homem de boca aberta, por fome e impedido de gritar, como os tantos fonemas /o/ que se repetem em assonância na primeira estrofe. A poesia de Bandeira é som e imagem; é música, pintura, escultura.

Os versos seguintes acentuam a tensão conflituosa presente no poema. Da descrição estática na primeira estrofe, o poeta passa à narração na segunda, em que os verbos estão no pretérito perfeito e indicam ações violentas (abateu, tombou, quebrou, impediu, arrebentou), destacando o contraste entre selvagem e civilizado, entre natureza e cultura, entre arcaico e moderno, entre o seco Nordeste de pedra, espinho, fome e miséria e o Sudeste de apenas aparente conforto de modernização, que destrói pela raiz aquele que ousa lutar e resistir contra sua dor, tal qual aquele que tem as raízes, o tronco, os galhos da terra da caatinga, descritos em imagem de força do homem que luta – a planta sertaneja, o homem sertanejo, a luta sertaneja.

O cacto de Bandeira, o sertanejo de Euclides, o homem que passa fome e sente dor são particularizados na imagem construída pelo escritor e universalizados no drama humano que a literatura cria em cores, sons, danças, movimentos e formas, fazendo

> **"Gente que vive porque é teimosa":** Este verso foi transcrito do poema "Mangue", de Manuel Bandeira, também publicado no livro *Libertinagem*. A sentença, com ligeiro acréscimo, também aparece no texto "O mangue", prefácio ao álbum homônimo de Lasar Segall, publicado originalmente em 1947 e recolhido, mais tarde, em *Flauta de papel*. Diz o texto de Bandeira sobre esse local de meretrício no Rio de Janeiro: "Qual segunda Veneza americana! O novo bairro ficou fiel à inércia da lama original. O canal encheu-se de piche, onde encalhavam as barcaças que o deveriam limpar; as ruas largas ladearam-se de casinhas baixas de porta e janela; residência de gente pobre, que vive porque é teimosa" (1986, p. 478).

o leitor ler, ver, ouvir, sentir a voz do outro; um outro áspero, intratável, mas não menos belo; belo como é bela a "gente que vive porque é teimosa".

PARA FINALIZAR

A palavra poética não está isolada no mundo do papel; ela salta aos sentidos e à mente de cada leitor que dela se aproxima, tomando-os em seu gesto franco de perscrutar-lhe, simultaneamente, o interior e o exterior. "*Les parfums, les couleurs et les sons se répondent*", diz Charles Baudelaire (1821-1867), no famoso soneto "Correspondências", de seu livro maldito *As flores do mal* (1857). A floresta de símbolos baudelairiana, a que se refere o poeta francês no mesmo poema, sinaliza que a beleza da obra de arte se revela na unidade entre palavra, cor e som: uma sinfonia de cores, cheiros, formas e sabores parece ser a analogia da arte total e suprema, segundo Baudelaire. Palavra é cor, música, imagem, movimento, ritmo, dança. Nunca bastante e jamais só, ela está sempre pronta ao diálogo, à recriação, à seleção e à combinação.

REFERÊNCIAS BIBLIOGRÁFICAS

ARRIGUCCI Jr., Davi. A beleza humilde e áspera. In: _____. **O cacto e as ruínas**. São Paulo: Duas Cidades: Editora 34, 2000. p. 11-89.

BACHELARD, Gaston. **A água e os sonhos:** ensaio sobre a imaginação da matéria. Tradução de Antonio de Pádua Danesi. São Paulo: Martins Fontes, 1997.

BANDEIRA, Manuel. Libertinagem. In: _____. **Poesia completa e prosa**. Rio de Janeiro: Nova Aguilar, 1986. p. 199-223.

_____. Flauta de papel. In: _____. **Poesia completa e prosa**. Rio de Janeiro: Nova Aguilar, 1986. p. 473-535.

_____. Itinerário de Pasárgada. In: _____. **Poesia completa e prosa**. Rio de Janeiro: Nova Aguilar, 1986. p. 33-102.

BAUDELAIRE, Charles. **As flores do mal**. Tradução, introdução e notas de Ivan Junqueira. Rio de Janeiro: Nova Fronteira, 1985.

BENJAMIN, Walter. A obra de arte na era de sua reprodutibilidade técnica. In: _____. **Magia e técnica, arte e política:** ensaios sobre literatura e história da cultura. Tradução de Sérgio Paulo Rouanet. São Paulo: Brasiliense, 1994. p. 165-196. (Obras Escolhidas I).

_____. A tarefa do tradutor. Tradução de Susana Kampff Lages. In: _____. **Escritos sobre mito e linguagem (1915-1921)**. São Paulo: Duas Cidades: Editora 34, 2011. p. 101-119.

CAMPOS, Haroldo de. Da tradução como criação e como crítica. In: _____. **Metalinguagem e outras metas:** ensaios de teoria e crítica literária. 4. ed. São Paulo: Perspectiva, 1992. p. 31-48.

_____. **O sequestro do barroco na formação da literatura brasileira:** o caso Gregório de Matos. São Paulo: Iluminuras, 2011.

CUNHA, Euclides da. Os sertões. In: _____. **Obra completa**. Rio de Janeiro: Nova Aguilar, 1995. p. 97-515. v. 2.

JAKOBSON, Roman. Aspectos linguísticos da tradução. In: _____. **Linguística e comunicação**. Tradução de Izidoro Blikstein e José Paulo Paes. 16. ed. São Paulo: Cultrix, 1999. p. 63-72.

_____. Linguística e poética. In: _____. **Linguística e comunicação**. Tradução de Izidoro Blikstein e José Paulo Paes. 16. ed. São Paulo: Cultrix, 1999. p. 118-162.

MATOS, Gregório de. **Poemas escolhidos**. Seleção, introdução e notas de José Miguel Wisnik. São Paulo: Cultrix, 1981.

MENDES, Lena Pinto. **Memórias póstumas de Brás Cubas no cinema em três versões**. 2013. Tese (Doutorado) – Universidade Federal Fluminense, Niterói, 2013.

PROENÇA, Graça. **História da arte**. São Paulo: Ática, 1997.

THOMAS, Dylan. Preface: Notes on the art of poetry. In: _____. **The poems of Dylan Thomas**. New York: New Directions Publishing Corporation, 2003. p. xv-xxii.

5

Entre o fogo e a fumaça – a literatura e o texto de entretenimento: por que o professor não deve negligenciar essa diferença no ensino de literatura na formação da subjetividade do aluno?

Maria Cristina Cardoso Ribas

A literatura está de fato com problemas [...] Por dois séculos, o romance foi a forma de arte dominante. Gente como Faulkner, Conrad podia contar com muitos leitores. Mas hoje o romance não é mais uma forma dominante na cultura. Então, mais do que nunca, é preciso lembrar que surgiu como uma forma de entretenimento.

(Jonathan Earl Franzen)

Alguns dos espetáculos mais marcantes da minha vida, ou alguns livros que mais amei foram de uma chatice avassaladora – e só atravessando vastos desertos de tédio (pois sou muito disciplinado) consegui perceber suas belezas. Se a chamada alta cultura perder essa permissão de nos entediar, muitas obras-primas da humanidade deixarão de ser criadas.

(Hermano Vianna)

5.1 INTRODUÇÃO

Ler: entediar ou entreter? Eis a questão que tem nos acompanhado há bastante tempo. Em função das demandas contemporâneas, somadas à urgência em *fazer valer* o trabalho nas aulas de literatura, a pergunta é reforçada mais e mais a cada dia. Antes de respondê-la, vamos pensar, juntos, no que ela implica e representa para o entendimento da leitura de textos literários, sobretudo quando incide sobre a prática docente.

Em primeiro lugar, é preciso trazer, ao debate, o suporte que deflagra nosso pensar: os conceitos que adotamos. Ora, sabemos que não é rentável fazer mera transferência de teorias da univer-

> **Jonathan Earl Franzen:**
> Jonathan Earl Franzen (1959-) é romancista e ensaísta norte-americano. *Best-seller* aclamado pela crítica, publicou os romances, *The corrections* (*As correções*, publicado pela Cia. das Letras, em 2001), *Strong motion* e *The twenty-seventh city*. Circula tanto na capa do austero *New York Times Review of Books* quanto no clube de leitura de Oprah Winfrey. Acostumado com o gigantesco mercado norte-americano, ficou assustado ao saber que seu *Liberdade* (2010) vendeu "só" 20 mil exemplares no Brasil, sem ter noção de que esse quantitativo corresponde a sete vezes a tiragem inicial média de uma obra literária por aqui (COZE, 2012).

> **Hermano Vianna:** Hermano Vianna (1960-) é antropólogo, pesquisador musical e roteirista de televisão brasileiro. »»

>» Autor dos livros *O mistério do samba* (publicado pela Zahar, em 1995) e *O mundo funk carioca* (lançado pela Zahar, em 1988) é também criador dos programas *Esquenta!*, *Central da Periferia*, *Brasil Legal* e *Programa Legal*, todos exibidos pela Rede Globo.

sidade para a prática em sala de aula. Como professores, devemos constituir a própria agência por meio de uma avaliação crítica e contínua dos objetivos, dos efeitos das ações desenvolvidas e da análise do contexto social. Nossa proposta aqui implica não meramente em importar teorias literárias, mas rever os paradigmas que adotamos, às vezes por força do hábito, e que norteiam nossa prática em sala de aula.

Pesquisas feitas ao longo dos anos 2000 e da década seguinte mostram que as metodologias de ensino têm alcance mais representativo, por parte dos alunos, quando os professores deixam de considerar os problemas como exclusivamente seus e os relacionam com os dos demais colegas professores, mobilizando-os em função da estrutura da educação escolar e do contexto social. Estamos falando de questões que estão *além* da sala de aula e que, ao mesmo tempo, interferem *dentro* da sala de aula. Esses saberes, provenientes de espaços sociais fora da escola, e aparentemente tão diversos, produzem efeitos de sentido equivalentes aos da instituição escolar, além de deslizarem e/ou confluírem para margens e limites, contornando, chocando – e às vezes reproduzindo – consensos e sentidos hegemônicos.

A questão específica "por que o professor não deve negligenciar essa diferença [entre literatura e texto de entretenimento] no ensino de literatura?" traz um pressuposto que se desdobra em muitos outros: existe uma diferença entre literatura e texto de entretenimento. A nossa pergunta-título, portanto, não representa resposta única, pois é cruzamento de uma série de questões que incidem, inclusive, em nossos "pré" conceitos em torno da arte erudita, da cultura de massa e das projeções desse arcabouço sobre o ensino de literatura. A escolha das epígrafes pretende sinalizar a fragilidade das fronteiras e das dicotomias que estabelecemos.

Para seguir este debate em torno da questão-título, propomos aqui, de forma sucinta: (1) retomar os efeitos da discussão acerca dos conceitos básicos de clássico, cânone, literatura, e de cultura de massa, indústria cultural, entretenimento; (2) compartilhar experiências docentes que representem alternativas a esse impasse; e (3) problematizar a relação entre as práticas de leitura em debate e a constituição de identidades dos sujeitos alunos. O que dá sustentação a esse tripé de questões são o estudo intensivo, a comunicação entre nós, professores, e a reflexão – aquela que considera o sujeito em relação com os demais e em seu contexto histórico social, sempre desenvolvendo uma leitura sob suspeição. Ressaltamos aqui não o prejuízo, mas o benefício da dúvida.

5.2 ENTRE A DISTÂNCIA E A PROXIMIDADE: LITERATURA, CLÁSSICO, CÂNONE *VERSUS* CULTURA DE MASSA, INDÚSTRIA CULTURAL, ENTRETENIMENTO

Os clássicos são livros que, quanto mais pensamos conhecer por ouvir dizer, e, quando são lidos de fato, mais se revelam novos, inesperados, inéditos. Naturalmente isso ocorre quando um clássico "funciona" como tal, isto é, estabelece uma relação pessoal com quem o lê. *Se a centelha não se dá, nada feito: os clássicos não são lidos por dever ou por respeito, mas só por amor.*

(Italo Calvino, grifos nossos)

[...] a indústria do entretenimento revigora-se com a crítica dos produtos que ela mesma fabrica.

(Vera Lucia Follain de Figueiredo)

Principiamos enfrentando os questionamentos. Qual é nossa definição de literatura? Se é para servir a algo, então para que ou quem ela serve? Não estaríamos confundindo função com utilitarismo ou consumidor com cidadão? O que entendemos por entretenimento? Literatura é ou não é entretenimento? O que consideramos "alta" cultura e, por oposição, o que estabelecemos como "produto de massa"? Antes de entender algumas dessas questões, é importante lembrar que lidamos com valores, que são preestabelecidos e formulados em função de padrões estético-políticos bastante instáveis e que respingam em nossos conceitos, interesses, modos de pensar e operar. Diante dessa instabilidade, como definir literatura? Vejamos o que diz Eagleton:

Qualquer ideia de que o estudo da literatura é o estudo de uma entidade estável e bem definida, tal como a entomologia é o estudo dos insetos, pode ser abandonada como uma quimera. [...] Assim como uma obra pode ser considerada como filosofia num século, e como literatura no século seguinte, ou vice-versa, também pode variar o conceito do público sobre o tipo de escrita considerado como digno de valor. Até as razões que determinam a formação do critério de valioso podem se modificar (EAGLETON, 1997, p. 15).

A ressalva do crítico britânico gira em torno da questão de "valor". Ao deduzir que a literatura se constitui uma entidade instável, seu estudo parte da definição de literatura como escrita altamente valorativa. Nessa perspectiva, compreendemos que o câ-

Valor: Valor é sempre algo estabelecido por um grupo, em função de determinados interesses e demandas, datado em um período específico e em um contexto também específico.

none literário foi estabelecido como tal em função de critérios de valoração específicos, vigentes nos diversos contextos de produção e recepção de uma obra ou conjunto de obras. Para Eagleton,

> *não existe uma obra ou tradição literária que seja valiosa 'em si' [...] Valor é um termo transitivo: significa tudo aquilo que é considerado como valioso por certas pessoas em situações específicas, de acordo com critérios específicos e à luz de determinados objetivos (EAGLETON, 1997, p. 16).*

O fato de interpretarmos as obras literárias em função de nossos interesses, sejam quais forem – e de não sabermos como interpretá-las de outra forma –, poderia ser uma das motivações pelas quais elas têm seu valor perpetuado ao longo do tempo, nos mais diferentes contextos. Entretanto, é preciso ressaltar que o passado "em si" não volta e, ao lermos uma obra de tempos anteriores, estamos lendo não "a" obra, mas "nossa" obra; conforme explica Eagleton, "o 'nosso' Homero não é igual ao Homero da Idade Média, nem o 'nosso' Shakespeare é igual ao dos contemporâneos do autor" (1997, p. 17). A breve explicação nos aponta um dado bastante interessante acerca do conceito de literatura: não estamos lidando com uma categoria objetiva, descritiva e modelar como também não estamos diante de um "vale tudo", paraíso da subjetividade que depende exclusivamente de capricho ou gosto pessoal. Não se trata de defini-la somente como eu sinto, quero e acho. Os valores não são ingênuos; eles se constituem no cruzamento de crenças e estigmas alimentados pelas ideologias sociais e, como tal, engessam a (nossa) reflexão e impedem sua franca autonomia. Na maioria das vezes, nem percebemos o desgaste de nossas fórmulas. São ajuizamentos que trazem prejuízos e se tornam "pré" conceitos.

Ao falarmos da instabilidade do conceito de literatura, logo percebemos que o mesmo raciocínio se estende à dicotomia erudição e massificação, que, por sua vez, diz respeito ao dilema "alta literatura" *versus* "literatura de entretenimento". Lembramos, de saída, que costumamos agregar uma carga negativa a "entretenimento".

Seguindo o senso comum, se formos partidários dessa distinção rigorosa entre textos literários e textos de entretenimento, provavelmente estaremos considerando estes como produto alienante da cultura de massa e os primeiros como o conjunto das obras clássicas canônicas. Existe, nesse entendimento, o risco de reabilitar ou excluir tais textos, o que se aplica tanto aos clássicos quanto aos de entretenimento. Negativar os clássicos

---

O "nosso" Homero não é igual ao Homero da Idade Média: Isso não significa validar ou invalidar Homero, mas saber que o valor atribuído não está na "coisa em si", isolada de seu contexto de produção.

Eu sinto, quero e acho: Ao ler/interpretar um texto, a multiplicidade de sentidos não significa necessariamente gosto nem escolha pessoal. Não é somente a "minha" vontade que determina, já que "eu" sou também um sujeito representativo do tempo e do espaço em que estou inserido.

Entretenimento: Não vemos problema algum em "entreter". Entreter não impede a reflexão, desde que estejamos atentos. A arte não tem *a obrigação* disso nem daquilo, mas *pode* promover vários efeitos no receptor. Depende do grau de interação que se estabelece entre as partes envolvidas durante a leitura ou fruição.

Obras clássicas canônicas: Sem desmerecer o trabalho específico com a linguagem, com as imagens, com o modo de enunciação, as obras canônicas podem ser equiparadas às "celebridades" da historiografia literária brasileira.

seria, por exemplo, rotulá-los (em cima do rótulo que já carregam) como complexos, inacessíveis, enfim, totalmente fora do horizonte de expectativas e habilidades dos leitores *teen*. A literatura clássica, se fosse entendida somente dessa forma redutora, corresponderia a uma galeria de intocáveis (nomeados pelo avesso do que são). Ainda dentro dessa concepção, esse conjunto de obras seria constituído de textos sérios, até tediosos, muito bem elaborados em termos de linguagem, estrutura e tema, sem construções previsíveis e com o provável efeito de trazer provocações, despertar o lado sensível e estimular a reflexão sobre o ser humano, seu tempo, espaço e condições de existência. E essa seria a razão para positivar a leitura do clássico. Ao mesmo tempo, poder-se-ia dizer que não só o dito hermetismo do clássico como também as citadas perfeição formal, qualidade intrínseca e função crítica poderiam atirar o texto literário para longe dos alunos adolescentes, desacostumados com tal rigor estético e minimamente interessados em projetos de transformação individual e coletiva.

> **Redutora:** Observemos que é possível ter uma compreensão redutora tanto dos clássicos – tidos por alguns como antiquados e chatos – quanto dos produtos da chamada cultura de massa e entretenimento hoje – tidos por outros como descartáveis. O preconceito pode vir de todos os lados.

Considerar um texto literário um "clássico" (seja referente à Antiguidade greco-romana, seja referente ao cânone e à persistência da tradição) o elevaria à condição de superior e inatingível. Seja por reconhecer sua "antiguidade" (lida negativamente como caduquice, ou positivamente como sabedoria), seja por atribuir-lhe inúmeras qualidades formais, estruturais e temáticas (lidas como perfeição formal ou hermetismo), é possível constatar que as mesmas atribuições podem servir a lados opostos. Queremos dizer: para leitor, aluno e professor, tais explicações sobre o clássico podem funcionar como atrativo, elemento facilitador – atributos de sabedoria, qualidade formal, implemento da leitura –, e, ao mesmo tempo, como fator de repulsa e obstáculo à leitura – caduquice, hermetismo e ilegibilidade.

Nessa ambivalência, as considerações tangenciam pressupostos de que a literatura ainda é da ordem das musas, difícil, inacessível, com linguagem rebuscada, técnica perfeita, e que, diante dessa condição singular, caberia ao leitor depreender o sentido verdadeiro, o único valor que residiria na essência do texto. Em outras palavras: a literatura seria sagrada e teria uma essência a ser descoberta, um valor imanente, uma verdade escondida "por trás" do texto visível. Diante desse Hades olímpico, restaria ao leitor um duplo engano, aliás, tríplice: ser o genial descobridor de tesouros escondidos; ir em busca da verdadeira intenção do autor; ou, como fuga estratégica, cultuar a ideia de que, ao contrário do que preconiza o clássico, a literatura deveria ser menos divina e mais "humana" – leia-se fácil, palatável, acessível, atual, porque esta condição a tornaria legível e mais próxima do público-leitor.

Nesse desdobramento, ou seja, "o caráter facilitador" da literatura "humana", entraria o entretenimento. Pelo consenso, quando positiva o entretenimento, este seria, então, tudo aquilo que distrai, desvia, dá prazer, está em circulação e é acessível – leia-se, de fácil assimilação e próximo dos leitores (de novo a predileção pela "facilidade"). Acrescentamos ainda o dado de que a distração chega por meio de diversos suportes e mídias, não só pelo objeto livro, com sua materialidade específica. Também é possível considerar o entretenimento como desvio de foco, alienação, superficialidade, consumismo e repetição em série e recurso persuasivo da cultura de massa.

Entretenimento: Observemos que todos os atributos podem ser positivados ou negativados, em função do ponto de vista com que os olhamos.

Observa-se, mais uma vez, que o conceito de entretenimento funciona como elemento positivo – prazer, relaxamento, riso – e negativo – alienação, modismo, fuga. Assim formulado, presta-se à argumentação daqueles que o defendem como estímulo ao aprendizado e integração aos novos meios e dos que o acusam como efeito da indústria cultural. E sabemos que ainda existe, em nossa sociedade, uma nostálgica elegia do passado, da tradição, do clássico. Provavelmente, essa nostalgia esteja equivalendo a uma descrença no presente.

5.3 OUTRAS EXPERIÊNCIAS NAS AULAS DE LITERATURA: ABRINDO OLHOS E OUVIDOS A RELEITURAS, INTERMÍDIAS, INTERARTES

A realidade do mundo se apresenta, a nossos olhos, múltipla, espinhosa, com estratos densamente sobrepostos. Como uma alcachofra. O que conta para nós na obra literária é a possibilidade de continuar a desfolhá-la como uma alcachofra infinita, descobrindo dimensões de leitura sempre novas.

(Italo Calvino)

Cada romancista, cada romance deve inventar sua própria forma. Nenhuma receita pode substituir essa reflexão contínua. Só o livro cria suas próprias regras. Na verdade, o movimento do estilo deverá fazer com que essas regras sejam postas em perigo, em xeque, talvez, e deverá mesmo explodi-las. Longe de respeitar formas imóveis, cada novo livro tende a constituir suas leis de funcionamento, ao mesmo tempo em que produz a destruição delas mesmas.

(Alain Robbe-Grillet)

A releitura do clássico lida com interdisciplinaridade, trocas e transferências culturais, o que, completamos, demanda um desapego do leitor da cobrança de fidelidade à obra tomada como fonte. A adaptação é um produto interartes com efeito de iluminação mútua e não simplesmente reprodução de um modelo anterior ao qual estaria sempre preso pelo grau de fidelidade. Uma releitura, que agrega e não exclui, que é iluminada e ao mesmo tempo ilumina o(s) texto(s) com os quais dialoga, constitui-se na errância.

> *O pensamento de proximidade poderia ser definido como errância, no duplo sentido que a palavra permite – em oposição a acerto e com significado de caminhar com e sem destino previamente anunciado. Errância é devir e, como tal, exige abertura, flexibilidade, tolerância consigo e o entorno (RIBAS, 2011, p. 232).*

Errar, portanto, não é apenas se equivocar ou repetir como também chegar perto pela diferença, aproximar-se daquilo que é anunciado como distância e falseamento. Entendemos que a releitura dialoga com outras, sem escalonar hierarquias. Os produtos interartes e intermídias trabalham com combinações e transferências de suportes, gêneros e culturas.

Vejamos, agora, alguns exemplos de experiências com releituras de alunos da Faculdade de Formação de Professores da Universidade do Estado do Rio de Janeiro (UERJ) nas escolas de Ensino Médio em que costumam fazer estágio.

Alguns alunos em período de estágio começaram a trazer à faculdade um gênero textual que estava circulando nas escolas e provocando sérias resistências por parte da crítica especializada e dos jovens leitores em geral. São romances que já foram tema de prova de vestibular, com propostas que representaram estímulo para editoras, inspiraram coleções em circulação voltadas aos jovens e, recentemente, podem ganhar as telas do cinema. Estamos falando das *mash'ups* literárias, modalidade que mistura a denominada literatura canônica com traços de literatura não canônica, mesclando contextos, personagens e temas, a partir de técnicas de criação específicas de cada autor em relação ao chamado texto-fonte. Ao propor releituras de obras clássicas, os autores quebram os protocolos literários, assumem visar a proximidade com o público jovem, com a proposta de tornar o texto clássico mais "palatável" e inseri-lo na barra de favoritos dos *teenagers*.

Releitura do clássico: A releitura já implica em revisitar o que antes parecia intocável; contaminá-lo, dessacralizá-lo. No entanto, desconstruir não é destruir. Nesse novo viés, a releitura poderia ser uma oportunidade para os clássicos serem revisitados sob outro olhar.

Autores quebram os protocolos literários: Uma parte da crítica não "perdoa" essa ruptura. Entendem desmistificação como profanação, trazendo o sentido negativo de "contaminação". Ora, existe algum texto "puro"?

Tais adaptações incluem elementos estranhos ao texto original, sem preocupação de nacionalidade nem de pertencimento. São incluídos personagens de outras tribos, outras culturas, outros contextos, em uma associação movida por modismos e gostos majoritários obtidos em pesquisas feitas pela mídia. Ao texto clássico, acrescentam vampiros, zumbis, androides, ninjas, elfos, extraterrestres e lobisomens; elementos que até pertencem a certa literatura clássica, mas que são comumente explorados em textos de "entretenimento", vistos como literatura para consumo e, como tal, de "baixa qualidade". Guardadas as proporções e considerando o padrão *star system* de divulgação e circulação, as *mash'ups* literárias parecem ter causado tanto rebuliço quanto as sagas *Crepúsculo*, *Harry Potter* e *O Senhor dos Anéis*, livros que se esgotam nas livrarias e lojas virtuais e cujas adaptações fílmicas lotam as salas de cinema. A contradição entre a crítica e o índice de bilheteria também merece discussão. Em termos da recepção, o quantitativo sinaliza aprovação, interação, gosto, interesse do público para aquele produto, mas não necessariamente qualidade. Os índices sinalizam para a recepção do produto e não para o produto em si.

Tratando-se de adaptações/releituras, a cobrança de fidelidade das *mash'ups* para com o texto-fonte é danosa e prejudicial a ambas as obras, pois é evidente que cumprem funções diferenciadas por estarem, apesar do mesmo suporte, em contextos diferentes. Conforme vimos estudando, a *mash'up* não apenas insere elementos contemporâneos nas obras clássicas – zumbis e discos voadores – como também, nesse *modus operandi*, mistura o que é considerado literatura de "alta" qualidade com a de "baixa" qualidade, fundindo cultura de massa e cultura erudita, modismo e clássico, sempre no espaço constituidor do texto literário.

Como mencionamos anteriormente, para muitos, esse gênero surge com forte apelo comercial e com o propósito mais ou menos explícito de que veio arrastar os jovens para a leitura dos clássicos da literatura brasileira e internacional. São exemplos desses livros: *O alienista, caçador de mutantes* (2010), por Natalia Klein, de Machado de Assis; *Dom Casmurro e os discos voadores* (2010), por Lucio Manfredi, também de Machado de Assis; *Escrava Isaura e o vampiro* (2010), por Jovane Nunes, de Bernardo Guimarães; *Senhora, a bruxa* (2010), por Angélica Lopes, de José de Alencar; *A miaumorfose* (2011), por Coleridge Cook, de Franz Kafka; e *Orgulho e preconceito e zumbis* (2010), por Seth Grahame-Smith, de Jane Austen – estes dois últimos lançados pela Quirk Books.

Orgulho e preconceito e zumbis fez sucesso imediato quando lançado, vendendo mais de 700 mil cópias nos Estados Unidos e ficando várias semanas na lista de *best-sellers*, segundo o *The New York Times*. Suavizando Kafka, *Miaumorfose* começa assim: "Quando Gregor Samsa despertou, certa manhã, de um sonho agitado, viu que se transformara, durante o sono, numa espécie de gatinho fofo" (COOK, 2011, p. 15). Vale destacar que no *blog* da Quirk Books consta sobre as obras: *"sublime reading since 2002"* e *"Classic Quirks"*. A Editora LeYa tem sido a responsável pelas *mash'ups* brasileiras e, sob o selo Lua de Papel, tem um projeto chamado *"Helena de Troia, memórias da mulher mais desejada do mundo"*.

Um estudo sobre a reação do grande público mostra que as *mash'ups* surgiram para polemizar, já que os leitores podem aproximar-se – ou não – do gênero por diferentes motivações. Na pesquisa inicial que fizemos com 150 estudantes de Letras e Educação que conheciam o gênero, a recepção foi variada. Conhecedores das obras consideradas "originais", ficavam em princípio seduzidos pelo título incomum que promovia um estranhamento, reforçado pela gravura da capa; a maioria dos estudantes seguia a indicação de um amigo que tinha lido e gostado.

Os leitores mais experientes eram movidos pela curiosidade em saber como ficou a história nessa "nova versão" e, a partir desse cotejo, tecer suas considerações, as quais oscilam da parte material à subjetiva do livro. Muitos alunos pesquisados, entre temerosos e desconfiados, perguntaram se não seria "plágio". Outros entenderam o material como apelo consumista: *"Acho uma onda totalmente desnecessária, que beira a falta de criatividade. Vejo como um apelo do mercado. Que me desculpem os editores, mas penso assim"*. A questão do plágio sinaliza para uma concepção do literário que implica em fidelidade ao modelo e enfatiza a autoria. No entanto, um dos alunos pesquisados afirmou: *"Nenhuma das obras resultantes das* mash'ups *esconde ou boicota o autor original, muito pelo contrário. Seu nome continua talhado na capa, seguido pelo do autor que teve a ideia de modificar a história. É uma colagem literária e não um plágio"*.

Ainda destacando nossa pesquisa com os alunos, vimos que um grupo, sensível à dessacralização do cânone, ressaltou o dado de que a *mash'up* "tirava a literatura do pedestal". Havia um grupo, porém, cuja reação inicial era oposta, ou seja, configurava resistência às *mash'ups*, principalmente por estarem "banalizando" os textos clássicos, por estarem "imitando mal" uma literatura "consagrada". Seguindo, porém, o desafio da leitura, a recepção se

96 Literatura e subjetividade

As flores do mal: *As flores do mal*, de Shūzō Oshimi (*Aku no Hana*, título original que, literalmente, significa "as flores do mal"), é um mangá japonês, publicado pela Editora Kodansha. Uma adaptação animada da série foi produzida pela Zecxs (2013). Informações atualizadas podem ser obtidas em: <http://revolucao8bits.blogspot.com.br/2013/05/momento-otaku-segunda-parte-da-nova.html> (Acesso em: 21 ago. 2015).

DJ da literatura: *Blog* MixLit, o *DJ* da literatura. Disponível em: <https://mixlit.wordpress.com/2014/04/> (Acesso em: 21 ago. 2015).

modificava e inclusive esses alunos ficavam bastante envolvidos com o texto e manifestavam vontade de rever o "original" para verificar as diferenças.

Esse tipo de ficção alternativa é conhecido também como *mixlits* e *mangás* (histórias em quadrinhos com estilo e desenho japonês). Hoje há mangás que operam com inserção de textos clássicos, como *As flores do mal*, de Charles Baudelaire, poeta francês do século XIX, em circulação desde 2009. Os *mixlits*, por sua vez, trazem a ideia do autor como montador. Leonardo Villa Forte é um DJ da literatura e tem seu trabalho publicado na revista *Modern Poetry in Translation*. Os *mixlits*, por sua vez, são obras compostas de recortes e colagens de trechos de outros lugares e autores, podendo ser conectados e dar origem a outros sentidos. No *blog* indicado em nota, os leitores deixam registrado que se trata de uma literatura remixada. É uma composição diferente da poesia concreta, já que não tem proposta política nem preocupação com os sentidos produzidos. Inspirada no trabalho de seleção e edição dos *DJs* que adicionam e cruzam instrumentos e músicas para criar uma única nova faixa, *mixlit* mistura diversos autores, trechos e estilos. Para muitos alunos e aficionados do gênero, "*mixlit* é uma demonstração física de como um sujeito pode criar diretamente o que ele lê, o que vai contra ideia de um leitor passivo" (GUATTARI; ROLNIK, 1996, p. 31). Essa fala é uma expressão pontual, mas ela pode valer, aqui, como proposta de (re)leitura. Vamos guardá-la.

5.4 A FORMAÇÃO DA SUBJETIVIDADE DO ALUNO

Ao significar nos significamos; os mecanismos de produção dos sentidos são os mesmos mecanismos de produção dos sujeitos. Esses mecanismos implicam uma relação com a língua (sistema capaz de equívoco) e com a história, funcionando ideologicamente.

(Eni Orlandi)

Mais especificamente no plano discursivo, Orlandi (1996) fala que a função-autor (quando a subjetivação expressa autoria própria) é tarefa da escola; em diversos trabalhos, propõe que a escola não inclua o aluno apenas na autoria já constituída, mas dê atenção aos deslocamentos, rasuras, silêncios produzidos na leitura. Nesse trabalho sutil, a reverência ao cânone vai sendo questionada para compartilhar espaço com a presença e a ação do sujeito leitor. Para repensar o terceiro aspecto da indagação-título – ou seja, as repercussões desse impasse na formação da subjetividade do aluno –, é fundamental a ampliação do conceito de leitura como produção de sentidos, para ativar a

Capítulo 5 Entre o fogo e a fumaça – a literatura e o texto de entretenimento **97**

participação dos sujeitos envolvidos no processo. Ler é atuar, ler é duvidar.

Guattari (1996) esclarece que a subjetividade não implica uma posse, mas uma produção incessante que acontece a partir dos encontros que vivemos com o outro. O autor complementa sua análise dizendo que a "subjetividade é essencialmente fabricada e modelada no registro do social" (GUATTARI; ROLNIK, 1996, p. 31). Nesse sentido, o sujeito não pode ser concebido como uma entidade pronta; ele se constitui à medida que é capaz de entrar em contato com as forças "de dentro" e "de fora": forças de imaginar, de recordar, de conceber, de querer, de atuar, cuja potência de ação é variável, podendo ou não se manifestar em contato com as experiências vividas.

Certa vez, em uma palestra na Academia Brasileira de Letras, no ano de 2009, ouvimos Edgar Morin clamar pela urgência de "uma racionalização aberta em vez de uma lógica fechada, implacável. É vital a regeneração, a capacidade crítica e teórica [...] a racionalidade fechada produz uma irracionalidade feroz". À época, logo pensamos na ferocidade da razão, aberta ou fechada, quando se separa do aspecto afetivo, quando se alija da sensibilidade. E concluímos que, para além dos conceitos preestabelecidos que incorporamos ou repetimos ao longo da vida, é preciso estarmos atentos e abertos, entre outros aspectos, a novos saberes em circulação, à ampliação do conceito de leitura.

Conforme mencionamos, nossa orientação de leitura (interativa) é um processo entre sujeitos ideologicamente constituídos. Não consideramos a existência de um sentido único, prévio e dominante "por trás" do texto e a ser "descoberto". Com Orlandi (2002), ler é saber que o sentido pode ser sempre outro. A leitura sob suspeição, portanto, deflagra a produção de sentidos, é um dispositivo para ativação dos sujeitos.

É importante, então, que os textos em circulação no cotidiano dos alunos, por mais estranhos que possam parecer, sejam acolhidos pelo professor, no esforço de incorporar aquilo que ainda não foi legitimado academicamente. Referimo-nos à inclusão dessa vasta produção que vai desde MSN de papel, rabiscos na carteira e mensagens nas paredes escondidas dos banheiros, passando pelas releituras de literatura – mesmo aquelas abominadas pela crítica especializada –, até os textos multimidiáticos que alunos e professores fazem e leem na internet, assistem nos cinemas e em outros espaços.

Nós, professores, precisamos atentar para o fato de que, na formação do aluno, a pedagogia é compartilhada com uma série de vozes que nem sempre entoam coral conciliador, tangendo acordes dissonantes, imprimindo pausas, rupturas, silêncios. Diante dessas "invasões", a estratégia mais eficaz é não assumir uma prática excludente, mas sim descentrar-se, trabalhar em uma espécie de rodízio improvisado que busca estimular a percepção ativa do aluno, estimular um processo de devoração crítica.

Ora, sabemos que a abertura implica riscos de várias ordens. Por exemplo, o "fora" do espaço institucional – o outro lado das paredes da escola – nem sempre é o lugar da autonomia e da criatividade dos sujeitos, mas pode ser o lugar da repetição, dos modismos, das ideologias do consumo, dos esquemas que alimentam velhas repetições. Mesmo assim, é urgente considerar esse alargamento espacial e dispormo-nos a ressignificá-lo, com vistas à inclusão de outros centros de referência, outras mediações, que não apenas a escola, não apenas o professor. Nesse sentido, o além dos muros diz respeito a releituras alocadas fora dos espaços institucionais, alimentadas pelas novas tecnologias e que, de alguma forma, colocam em xeque os valores que estabelece, dentre outras categorizações, o cânone literário.

Na discussão sobre os saberes na formação de professores (processo em que costumamos nos incluir), é preciso analisar os paradigmas que dão suporte às diferentes estratégias de ensino com que trabalhamos em sala de aula, enfim, aos conceitos que embasam nossa compreensão acerca do objeto literário e seus derivados. A prática reflexiva é um exercício de pensar que precisa ser cultivado. E sabemos que a reflexão pode ser deflagrada com a pergunta e a repergunta sobre nosso próprio modo de operar.

Vale ressaltar a importância de nos implicarmos nas reflexões. Conforme entendemos, essa é a alternativa de não alimentarmos a "colonização conceitual" nem hastearmos a bandeira da conveniência (FREIRE, 1973; SMYTH, 2000). O desenvolvimento de qualquer reflexão para os processos formativos, com ênfase no ensino de literatura, clama pela inclusão dos "formadores". Em um sentido amplo, estamos todos "em formAção".

PARA FINALIZAR

A chama queima. O fumo embaça.

[...] – chama, e, depois, fumaça:

O fumo vem, a chama passa...

(Manuel Bandeira)

Capítulo 5 Entre o fogo e a fumaça – a literatura e o texto de entretenimento 99

Agora, caros colegas leitores, vamos finalizar este capítulo, mas não nossa discussão.

Ao longo do texto, fizemos um convite. Pensar, juntos. Rever nossos conceitos para que não se cristalizem em preconceitos. Com sua valiosa experiência no corpo a corpo com os alunos, esperamos que este trabalho possa colaborar para redimensionar nossas questões docentes individuais em um contexto social mais amplo – dentro e fora dos muros da escola. E para quê? Para que os alunos/professores em formação, tanto quanto nós, docentes, juntos, possamos encontrar o lugar desse processo e sua articulação na dinâmica de nossas vidas; ouvir a própria voz; contextualizar as experiências individuais e coletivas, ao longo das quais se formam identidades e subjetividades (JOSSO, 2004).

Após a emergência de tantas questões, continuamos, ainda, com várias outras, mas com o saudável benefício da reflexão. Mais importante do que responder de imediato – mesmo porque os conceitos em foco são instáveis e imprecisos –, é compreender os critérios de valores que adotamos e formulam nosso pensar, nossa prática docente. Refletir, questionar nossa prática e os paradigmas que constituem essa prática e entender o contexto em que vivemos nos propiciam uma abertura para novas experiências. O instigante é mapear a linha tênue entre nossa responsabilidade individual e a interferência do mundo na constituição de nossas ações e modos de atuar.

Do ponto de vista do ensino de literatura, a presente discussão sobre conceitos e práticas se organizou sob um enfoque diferenciado da discussão teórica propriamente dita, já que a proposta pedagógica é que o aluno leia, interaja com o texto, enfrente suas dificuldades, desenvolva suas potencialidades, incorpore e questione o conhecimento, valorize a experiência e sinta algum amparo na leitura. Ao pensar o ensino de literatura, estamos voltados não para o conceito isoladamente, mas para o efeito da conceptualização no aluno.

Diante da demanda de nossos tempos, o trabalho do professor é incluir, agregar, somar. Literatura clássica, literatura de entretenimento, textos intermídias e interartes, intertextos, as mais diversas combinações e nomenclaturas merecem acolhimento em nossa prática. É difícil não reagir quando o aluno traz algo inusitado, especialmente quando se trata de um livro que "profane" os clássicos da literatura. Claro está que precisamos fazer um recorte em relação ao que borbulhar na sala de aula, para que possamos organizar o trabalho com esse material efervescente e propor uma leitura compartilhada no período letivo reduzido de que dispomos. Essa orientação demanda muito estudo em várias direções, o que inclui revisitar o clássico, transitar na erudição, abrir-se ao efêmero, estar também atento aos modismos e àquilo que desliza das dicotomias que questionamos, sem apenas se enquadrar em uma de suas vertentes.

Em termos da rigorosa dicotomia literatura e textos de entretenimento, esperamos ter demonstrado a urgência de diluir essa linha separatista e substituí-la por uma mandala de tendências múltiplas e não hierárquicas. Abrir-se a tendências diferentes não significa recusar a tradição, mas sim incorporá-la, transformá-la, produzir novos sentidos, ser a(u)tor e coadjuvante no processo de leitura. Essa é a reflexão mais importante na finalização deste estudo.

> **Mandala:** Palavra que em sânscrito remonta a "círculo" e representa a integração entre o homem e o cosmos. Diz respeito à integração entre as múltiplas partes, visando à dinâmica – e não à fixidez – do equilíbrio.

De Figueiredo, trouxemos, para colaborar nesta conclusão, uma vertente significativa da ficção contemporânea que incorpora "modos depreciados pela alta cultura, lançando mão de estereótipos temáticos e técnicos" (2005, p. 30). Segundo a autora, esse procedimento – a reciclagem estética de materiais depreciados pela cultura erudita – aponta para uma questão crucial em nossos tempos e que modaliza os efeitos da expressão massificada da arte.

> *Se todo o imaginário contemporâneo está permeado pelos sonhos veiculados pela publicidade, pelas telenovelas, pelos filmes de ação, enfim, pelos mitos criados pela cultura de massa, como a arte, ao enfocar o presente, pode desprezar essa dimensão que é constitutiva do tempo em que vivemos? (FIGUEIREDO, 2005, p. 30).*

A arte representa tanto o óbvio quanto aquilo que não queremos enxergar. Muitas vezes, é a expressão viva de nossa recusa ou resistência diante dos eventos do mundo. A *mash'up* – palavra inglesa derivada do feminino, as "misturas literárias", menina dos olhos de muitos blogueiros – é uma oportunidade de trabalharmos a noção de valor, seja aquilo que torna um texto literário canônico, seja o que promove sua dessacralização. Ao mesmo tempo, se for entendida como suplemento do texto que a inspirou, pode ser libertada da condição parafrástica e ser lida em sua polifonia. Mais uma oportunidade para pormos em xeque a exigência de fidelidade da adaptação ao texto que cronologicamente o precedeu.

Ancorada no pressuposto que queremos desconstruir, ou seja, a cobrança de verossimilhança ao texto inspirador, parte da crítica também resiste à releitura dos textos clássicos pelos mangás, por não reproduzirem, mas utilizarem e recriarem as histórias e os poemas, ou simplesmente citá-los ou tomá-los como álibi, armadilha ou deflagrador da narrativa. Temos observado que essa configuração do gênero estimula o aluno a conhecer o texto inspirador, ao mesmo tempo que provoca a dessacralização do clássico por meio da interferência em sua configuração. Tal modo de operar – desorganizando o texto "original" – é possível pela proximidade do leitor com o texto; proximidade que, portanto, faz parte da errância da leitura.

Essa recepção diversificada e conflitante é uma oportunidade para docentes e licenciandos. O interessante é que, embora *mash'ups* e mangás tenham uma autonomia em relação ao texto fonte, ambos os textos podem ser lidos de maneira suplementar, isto é, em diálogo, em superposição e não excludência. Essa é a orientação metodológica que consideramos mais produtiva, pois estimula a leitura em confluência, que aponta para um comparativismo que não prevê hierarquias nem valoriza a adaptação fundamentalmente pelo seu teor de fidelidade ao dito original. Ao mesmo tempo, amplia as possibilidades de o aluno ter uma atitude responsiva em relação a suas próprias indagações. Eis um saudável pilar de sua subjetividade em construção.

Desestabiliza-se, portanto, a hierarquia entre alta e baixa cultura, entre arte erudita e produção de massa, entre texto literário e texto de entretenimento, "chama que queima e que passa". Nessas frágeis fronteiras são colocados, lado a lado, humor e seriedade, leveza (até mesmo leviandade) e consistência, deixando a cargo do receptor/leitor a opção de engajar-se ou de manter-se indiferente, de manter ou de transformar a si e ao entorno.

A partir de agora, vamos substituir o "ou" com sua carga de excludência. Optemos, assim, pela soma: ler *E* entreter, eis a questão.

REFERÊNCIAS BIBLIOGRÁFICAS

BANDEIRA, Manuel. Chama e fumo. In: _____. **Antologia poética**. Porto Alegre: L&PM, 2012.

CALVINO, Italo. O mundo é uma alcachofra. In: _____. **Por que ler os clássicos**. São Paulo: Companhia das Letras, 1995. p. 205-207.

COOK, Coleridge. The Meowmorphosis. New York: Quirk Books, 2011.

COZER, Raquel. Alta literatura vs. literatura de entretenimento. **Folha de S.Paulo**, São Paulo, 23 jul. 2012. A biblioteca de Raquel, p. 1. Disponível em: <blogfolha.uol.com.br/2012/07/23>. Acesso em: 10 ago. 2014.

EAGLETON, Terry. **Teoria da literatura:** uma introdução. São Paulo: Martins Fontes, 1997.

FONTOURA, Helena (Org.). **Formação de professores e diversidades culturais:** múltiplos olhares em pesquisa. Niterói: Intertextos, 2011.

FIGUEIREDO, Vera Lucia Follain de. Frágeis fronteiras entre arte e cultura de massa. **Comum**, Rio de Janeiro, v. 10, n. 24, p. 29-41, jan./jun. 2005.

FREIRE, Paulo. **Education for critical consciousness**. New York: Continuum, 1973.

GUATTARI, F.; ROLNIK, S. **Micropolítica**: cartografias do desejo. Petrópolis: Vozes, 1996.

JOSSO, Marie-Christine. **Experiências de vida e formação**. Prefácio de Antonio Nóvoa. São Paulo: Cortez, 2004.

MALDIDIER, D.; NORMAND, C.; ROBIN, R. Discurso e ideologia: bases para uma pesquisa. In: ORLANDI, E. (Org.). **Gestos de leitura:** da história no discurso. Campinas: Ed. da Unicamp, 1997. p. 67-102.

MORIN, Edgar. PALESTRA "**La Pensée du Sud**" (**O pensamento do Sul**) – Sala José de Alencar. Rio de Janeiro: Academia Brasileira de Letras, 14 julho 2009.

NUÑEZ, Carlinda Fragale Pate. O futuro do clássico. In: NUÑEZ, Carlinda Fragale Pate et al. (Org.). **História da literatura:** fundamentos conceituais. Rio de Janeiro: Ed. Makunaima, 2012. v. 1. p. 29-50.

ORLANDI, Eni. **Interpretação, autoria e efeitos do trabalho simbólico**. São Paulo: Cortez, 1996.

_____. (Org.). **Gestos de leitura**. Campinas: Ed. da Unicamp, 1994.

_____. (Org.). **Discurso fundador**. Campinas: Pontes, 1993.

PASTORE, Marina. Como um clássico se torna clássico? A fronteira entre arte e entretenimento na literatura. **Anagrama**, v. 6, n. 1, p. 1-15, set./nov., 2012.

Capítulo 5 Entre o fogo e a fumaça – a literatura e o texto de entretenimento **103**

PENA, Felipe (Org.). **Geração Subzero:** 20 autores congelados pela crítica e adorados pelos leitores. Rio de Janeiro: Record, 2012.

RIBAS, Maria Cristina Cardoso. (Pós)modernidade e processos formativos: a saudável (in)consistência dos castelos de areia. **Revista da FAEEBA** – Educação e Contemporaneidade, Salvador, v. 20, n. 36, p. 227-241, jul./dez., 2011.

ROBBE-GRILLET, Alain. **Por um novo romance:** ensaios sobre uma literatura do olhar nos tempos da reificação. São Paulo: Documentos, 1969.

SMYTH, J. et al. **Teacher's work in a globalizing economy.** London: Falmer Press, 2000.

VASCONCELOS, Giuliana Cavalcanti. **Conscientização:** teoria e prática da libertação – uma introdução ao pensamento de Paulo Freire. 3. ed. São Paulo: Moraes, 1980.

ZEICHNER, Kenneth. Uma análise crítica sobre a "reflexão" como conceito estruturante na formação docente. **Educação & Sociedade**, Campinas, v. 29, n. 103, p. 535-553, maio/ago., 2008. Disponível em: <www.cedes.unicamp.br>. Acesso em: 10 set. 2014.

6

Parceria entre biblioteca pública e escola: um caminho para a formação estética do leitor no Ensino Médio

Marcia Lisbôa Costa de Oliveira

O verbo ler não suporta o imperativo.
Aversão que partilha com alguns outros:
o verbo "amar"... o verbo "sonhar"...
bem, é sempre possível tentar, é claro.
Vamos lá: "Me ame!" "Sonhe!" "Leia!"
"Leia logo, que diabo,
eu estou mandando você ler!"
– Vá para o seu quarto e leia!
Resultado?
Nulo.

(Daniel Pennac)

Para um leitor, uma biblioteca é um paraíso. Nela pode-se encontrar os mais diversos mundos, as mais variadas emoções. Entrar em uma biblioteca já é um ato amoroso para quem procura conhecimento, prazer, desafios e muito mais. Ler os títulos e os nomes de autores nas lombadas coloridas, percorrer os corredores e as prateleiras com o olhar e o corpo, manusear, escolher, folhear e, enfim, ler. Todos esses prazeres simples são delícias que só experimenta quem teve a sorte de se formar um leitor pleno. Infelizmente, são prazeres para poucos.

Formar-se leitor é um processo longo e subjetivo, marcado por escolhas e recusas, gostos e desgostos. Nesse processo, como afirma o narrador de *Como um romance* (PENNAC, 1993), no fragmento que está na epígrafe deste capítulo, o imperativo não tem lugar. No entanto, e eis aí o paradoxo, o ato de ler na infância e na adolescência ainda fica muito restrito ao contexto da sala de aula, onde a liberdade e o prazer são limitados.

Entre a biblioteca, lugar privilegiado para a leitura sem amarras, e a escola, em que a leitura é controlada por programas, avaliações e censuras as mais diversas, estabelece-se de início uma tensão. Se, por um lado, os objetivos de ambas as instituições e suas concepções em relação à leitura são notoriamente diversos, por outro lado, o trabalho conjunto pode ser um caminho para a reinvenção de ambas como instâncias formadoras de leitores autônomos, considerando-se que:

> *Ser autônomo é ser capaz de pensar e atuar criticamente, por si mesmo, levando em consideração vários pontos de vista, tanto no terreno moral e social quanto no intelectual. Em outras palavras, ser autônomo significa ser governado por si mesmo [...] O leitor autônomo intelectualmente é capaz de construir um significado do texto, tendo em conta o ponto de vista do autor e seu próprio (experiência pessoal, conhecimentos prévios). Isso supõe que ele saia do esquema de ideias do autor para chegar a suas próprias ideias na construção (ALONSO; GOMES, 1993, p. 13, tradução nossa).*

Se as escolas, as bibliotecas e outras instituições mediadoras da leitura pudessem compreender a amplitude dessa concepção, poderiam tornar-se espaços de crescimento, já que para o amadurecimento da capacidade crítica são fundamentais as oportunidades de intercâmbio e contraste entre diferentes formas de ler o mundo e os textos.

Neste capítulo, trata-se de formas de interação entre escolas e bibliotecas que permitam a criação de espaços físicos e afetivos adequados à formação estética de leitores no Ensino Médio. Algumas questões se cruzam nesse campo: qual é o papel da biblioteca na formação de leitores? Como a leitura é concebida na escola e na biblioteca? Como a biblioteca e a sala de aula podem atuar em sintonia na educação estética de novas gerações de leitores?

6.1 BIBLIOTECAS PÚBLICAS E DEMOCRACIA: O DIREITO DE LER

O *Manifesto da IFLA/Unesco sobre bibliotecas públicas*, publicado pela Federação Internacional de Associações e Instituições de Bibliotecas (IFLA) e pela Organização das Nações Unidas para a Educação, a Ciência e a Cultura (Unesco), em 1994, reafirma o papel das bibliotecas públicas no desenvolvimento da democracia, entendendo-a como "porta de acesso local ao conhecimento – fornece as condições básicas para uma aprendizagem contínua, para uma tomada de decisão independente e para o desenvolvimento cultural dos indivíduos e dos grupos sociais" (IFLA; UNESCO, 1994, s.p.). Defendendo a igualdade de acesso para todos e a constituição de acervos e serviços plurais, o manifesto rejeita censuras e pressões comerciais na aquisição das coleções e define doze missões-chave para a biblioteca pública, que buscam assegurar a formação de leitores desde a primeira infância; o apoio à educação formal e à autoformação; o estímulo à criatividade; a valorização da herança cultural, inclusive a tradição oral; o diálogo e a diversidade cultural. Assumindo tais missões, a biblioteca *pública*, que é um dos símbolos da cidade moderna e civilizada, torna-se um lugar de circulação e produção de cultura.

Muitas vezes, os professores se limitam ao currículo definido, ao livro didático e à sala, reduzindo os seus horizontes e os dos alunos. Interligar a sala de aula de literatura à biblioteca pode ser uma forma de abri-la para o mundo, gerando experiências significativas e produtivas de leitura em adolescentes que vivem as aceleradas mudanças do século XXI.

6.2 EXPERIÊNCIA ESTÉTICA E LEITURA NA BIBLIOTECA E NA ESCOLA

Já é lugar-comum a afirmação que diz que, para desenvolver o hábito de ler, é fundamental a descoberta do prazer de ler; pois só o gosto pela leitura pode estimular o "vício de ler". No entanto, é preciso diferenciar a experiência de prazer provocada pelos textos que estão no horizonte do leitor e que o reconfortam daquela provocada por obras que, por constituírem leituras de fruição, incitam desestabilização e estranhamento, impulsionando-o à reflexão. Experiências estéticas díspares são vividas quando o leitor está no texto, reconhecendo-se ali ou quando o choque de linguagem rompe seu horizonte.

> *Quando a leitura ficcional e poética representa atendimento ao gosto imediato do leitor, ela põe em movimento o processo de identificação do sujeito com os elementos da realidade representada, gerando prazer. Por outro lado, quando*

Prazer: Os conceitos de prazer e fruição são desenvolvidos por Barthes (1977). De um lado, tem-se o texto cuja leitura vem ao encontro do desejo do leitor, traz-lhe bem-estar e sensação de completude. Nesse tipo de leitura, a identificação opera em um eixo de pura positividade. De outro lado, o texto de fruição desconforta e impele à reflexão, ao movimento. Quem lê um texto incômodo precisa se repensar para digerir suas provocações.

Literatura e subjetividade

Experiência estética: Experiência provocada pelo contato com obras de arte, que impacta o receptor/leitor e o mobiliza a renovar sua percepção do mundo.

Mimesis: Conceito fundamental na reflexão sobre arte desde Platão e Aristóteles. Na perspectiva clássica, refere-se ao modo como as obras imitam ou representam o real. Na contemporaneidade, diferentes teóricos ressignificaram esse conceito. Segundo Iser, o texto ficcional apresenta fragmentos identificáveis da realidade, que são reconhecidos pelo leitor, cuja ingenuidade está em *não reconhecer os sinais da ficcionalidade presentes na obra* (ISER, 1984).

Cânone: Chama-se cânone o conjunto de obras legitimadas pela crítica, tratadas como leitura obrigatória e representação da mais alta qualidade estética. Diferentes correntes críticas contemporâneas discutem o caráter elitista do cânone literário e observam, por exemplo, que os autores que o compõem são homens, brancos e protestantes, que detêm o poder. No ensino, essa discussão é de suma importância, pois os currículos canônicos marginalizam as leituras que se fazem fora deles.

rompe de modo incisivo com as expectativas do sujeito, dá origem necessariamente ao diálogo e ao consequente questionamento das propostas inovadoras ali contidas, alargando o horizonte cultural do leitor. O dividendo final é novamente o prazer da leitura, agora por outra via, a da apropriação de um mundo inesperado (AGUIAR apud PONDÉ, 1996, p. 26).

Para Barthes (1977), a fruição estética é estimulada pela linguagem poética, porque a literatura escapa à servidão, rompendo com o uso cotidiano da língua. O autor afirma que a linguagem literária é uma experiência de libertação do fascismo da língua, que obriga o leitor a revelar sensações e percepções do mundo por meio de formas fixas e predeterminadas. Já a linguagem poética inscreve na comunicação um jogo de significações e de sonoridades que *descristaliza* sentidos e recupera a força de significação das palavras. Porém, não basta que o texto em si seja uma fonte de fruição, é preciso que se crie o espaço para a experiência estética nas instituições mediadoras da leitura: a família, a escola, as bibliotecas, os eventos culturais.

No espaço escolar, exige-se em primeiro lugar a repetição da fala; essa relação de *mimesis* no mau sentido é imposta aos alunos, que devem exercitar a memória e a obediência na repetição. A leitura institucionalizada pela escola gera um espaço ambivalente, em que circulam, simultaneamente, o controle institucional e as forças de transgressão implicadas na energia criadora e questionadora da escritura.

No Ensino Médio, a seleção de textos segue o cânone, conforme a sequência dos "estilos de época" definidos no currículo de cada ano; são lidos os textos consagrados pela tradição literária, a "alta literatura", consoante um padrão estabelecido pela "comunidade interpretativa oficial", que é formada basicamente por professores universitários e críticos literários. Mesmo com todas as mudanças impulsionadas pelos parâmetros e pelas orientações curriculares nacionais e com o fim dos vestibulares que enfatizavam a memorização, que vão sendo substituídos progressivamente pelo Enem, o ensino de literatura permanece confinado a essa tradição canônica, como bem o demonstram os livros didáticos e as práticas pedagógicas vigentes. Com essa centralização canônica, os outros discursos que correspondem a outros horizontes de expectativa e representam práticas de leitura literária divergente são excluídos e rotulados como subliteratura, literatura de massa, literatura popular, literatura infantil etc.

Capítulo 6 Parceria entre biblioteca pública e escola **109**

Por tudo isso, para formar leitores que incorporem a prática de leitura a suas vidas e possam viver a experiência estética, é necessário reconhecer que a literatura, assim como a língua, comporta uma variedade de registros que correspondem a diferentes horizontes de expectativas e códigos de leitura. Por esse motivo, a tão discutida crise da leitura literária na escola pode estar relacionada à diferença entre os padrões de leitura dos alunos e os textos escolhidos. Isso se dá:

> Horizontes de expectativas:
> O horizonte de expectativas do leitor é a união de sua experiência de leitura de mundo aos seus conhecimentos textuais, que é imprescindível à compreensão do texto escrito (JAUSS, 1978).

> *Entre outras razões, porque o impasse talvez se origine de um inevitável desencontro entre expectativas e protocolos de leitura literária que a escola, como aparelho ideológico e instituição cultural, deve esposar, e a prática de leitura literária de sua clientela, incluindo nessa clientela seus professores [...] Como a formulação de teorias literárias é apanágio de esferas especializadas da cultura dominante, a iniciação nesta formulação, de sujeitos oriundos e participantes de outras formações culturais pode constituir uma violência e certamente o será se, na sua prática, a escola desconsiderar as experiências prévias de leitura e de literatura que sua clientela alimenta (LAJOLO apud ZILBERMAN; SILVA, 1991, p. 96-97).*

Além de estar presente na escolha dos textos, o poder também se insinua na relação professor-alunos em sala de aula, que se torna lugar do confronto entre esses sujeitos leitores, que estão ligados por uma relação contratual. O professor detém a fala da autoridade e da clareza e "falar é exercer uma vontade de poder: no espaço da fala, nenhuma inocência, nenhuma segurança" (BARTHES, [1974], p. 29).

No contrato de ensino tradicional está implícita a vontade de autoridade por parte do professor, mas ele também inclui o desejo do aluno de que o mestre assuma o papel de transmissão de um saber. O professor quer seduzir e o aluno precisa de um mediador nesse processo, que o admita na intimidade de uma linguagem particular. O professor quer perpetuar suas ideias, o aluno quer aprender os segredos de uma técnica (BARTHES, [1974], p. 34-35). Esses desejos complementam-se tão bem que chegam a fazer parecer natural o jogo ideológico que se efetiva em cada sala de aula.

Se o que os educadores buscam é romper esse contrato para fazer com que a leitura seja verdadeiramente um instrumento de formação e de transformação, deve-se dizer não à hegemonia e refletir sobre a prática de formação de leitores como um processo político. Assim, em lugar de educar para adaptar ao meio, opta-se pela educação como prática de libertação. Sabe-se que a leitura em si mesma não é libertadora, mas sim um instrumento importante de tomada de consciência acerca dos sistemas de valores em circulação na sociedade. Segundo Magda Soares:

> *Assim, como processo de reprodução, mas também de contradição, a leitura é, fundamentalmente, processo político. Por isso, aqueles que formam leitores – alfabetizadores, professores, bibliotecários – desempenham um papel político que poderá estar ou não comprometido com a transformação social, conforme estejam ou não conscientes de sua força de reprodução e, ao mesmo tempo, do espaço de contradição presentes nas condições sociais da leitura. E tenham ou não assumido a luta contra aquela e a ocupação deste como possibilidade de conscientização e questionamento da realidade em que o leitor se insere (SOARES apud ZILBERMAN; SILVA, 1991, p. 2).*

Uma pedagogia da leitura construída como uma forma de negação das estratégias de dominação deve estar atenta ao processo de produção de significações e à vivência da leitura como orquestração dos sentidos possíveis do texto. O objetivo deve ser despertar o prazer de ler, alargar o horizonte de expectativas e aprofundar a inteligência de mundo de todos os sujeitos envolvidos. Por isso, o diálogo, a cooperação, a iniciativa e a criatividade constituem o cerne do trabalho e o texto é encarado como uma possibilidade de reflexão e recriação por parte dos sujeitos leitores. Com um programa de ação que tenha como pressuposto a experiência estética, é possível introduzi-la no espaço institucional, proporcionando a ampliação e o enriquecimento das experiências; o alargamento e a seleção de interesses; o desenvolvimento do gosto pela leitura; o encorajamento da análise crítica das ideias; o desenvolvimento da destreza em procurar informações; a promoção da autonomia e o alcance do progresso satisfatório em habilidades de leitura.

6.3 PARCERIAS ENTRE BIBLIOTECAS E ESCOLAS

As parcerias formais e contínuas entre escolas e bibliotecas públicas não são muito comuns no Brasil. No caso das bibliotecas escolares, é mais comum observar-se que ocorrem no primeiro segmento do Ensino Fundamental, escasseando à medida que o aluno avança para o Ensino Médio.

Muitos são os motivos para a quase ausência de interação entre bibliotecas públicas e bibliotecas escolares com os programas de ensino desenvolvidos em sala de aula. Um deles é o fato de que essa cooperação coloca em cena dois modelos de apropriação cultural diferentes: "Um modelo centrado sobre o texto com dominância didática, de certa maneira, autoritário e com finalidade determinada e um modelo centrado sobre os livros com dominância estimulante, liberal e desinteressada" (PRIVAT apud SEIBEL, 1995, p. 241, tradução nossa). Isso ocorre porque na escola a leitura está submetida ao currículo, bem como ao tempo fragmentado e escasso, enquanto na biblioteca ela ocorre espontaneamente e, por isso, embora o espaço esteja sujeito a regras e regulações, as escolhas do leitor não sofrem imposições. Além disso, "a prioridade da escola é desenvolver competências de leitura, enquanto a da biblioteca é implementar situações que favoreçam essencialmente a ativação de desempenho dos leitores" (PRIVAT apud SEIBEL, 1995, p. 245, tradução nossa).

6.4 PRÁTICAS DE LEITURA E FORMAÇÃO ESTÉTICA: ROMPENDO BARREIRAS ENTRE A SALA E A BIBLIOTECA

Há mais de uma década, os documentos curriculares vigentes abandonaram a imposição de conteúdos e passaram a definir parâmetros para as ações pedagógicas. Nas Orientações Curriculares Nacionais para a área de Linguagens e Códigos e suas Tecnologias, nos currículos regionais para o Ensino Médio, e nas matrizes do Enem, verifica-se que a proposta se organiza em torno das competências e habilidades que os alunos devem desenvolver. Por isso, o cânone literário em uma abordagem historiográfica já não figura mais como centro do ensino de literatura.

No entanto, por um efeito de inércia, os conteúdos definidos nos planos de ensino da disciplina e nos livros didáticos continuam presos ao modelo que vigorou até meados dos anos de 1990, quando se iniciou no plano do discurso educacional um processo de mudança curricular, que lentamente começa a se refletir em novas práticas. Desse modo, visando contribuir para a colocação em prática das concepções que circulam nos discursos sobre o ensino de literatura e nos documentos curriculares, toma-se aqui a matriz de competências do Enem como guia para a proposição de estratégias de integração sala-biblioteca, enfocando a "Competência de área 5" e seus descritores:

Competência de área 5 – Analisar, interpretar e aplicar recursos expressivos das linguagens, relacionando textos com seus contextos, mediante a natureza, função, organização e estrutura das manifestações, de acordo com as condições de produção e recepção.

H15 – Estabelecer relações entre o texto literário e o momento de sua produção, situando aspectos do contexto histórico, social e político.

H16 – Relacionar informações sobre concepções artísticas e procedimentos de construção do texto literário.

H17 – Reconhecer a presença de valores sociais e humanos atualizáveis e permanentes no patrimônio literário nacional.

Como se pode perceber, nessa definição do que se espera que o aluno do Ensino Médio seja capaz de compreender, no que se refere à leitura de textos literários, predomina a perspectiva sociocultural, com ênfase na compreensão das relações entre o momento de produção e a expressividade das obras literárias, como em H15 e H16.

A seguir, há sugestões de alguns projetos de trabalho que incluem a pesquisa na biblioteca e a leitura literária, com foco nos horizontes de produção e recepção das obras. Os projetos sugeridos são exemplos de atividades que podem fazer parte da programação da biblioteca parceira, estreitando os laços entre essa instituição e os alunos. Essa proximidade torna mais possível sua permanência como leitores, após o percurso de escolarização formal.

6.5 VISITA ORIENTADA À BIBLIOTECA

Para começar a integração entre a sala de aula e a biblioteca, é interessante organizar uma visita guiada à biblioteca pública mais próxima da escola, realizando uma atividade de mediação de leitura conjunta entre professor e bibliotecário. Nessa visita, os alunos conhecem o espaço, os recursos disponíveis, o acervo e sua organização, para que possam, no futuro, movimentar-se com autonomia e escolher materiais de leitura que atendam a seus interesses, necessidades e capacidades.

É possível também incluir no planejamento dessa integração a participação ativa dos alunos em atividades culturais desenvolvidas na biblioteca, tais como lançamento de livros, saraus, encontro com autores e rodas de leitura. Essas atividades são extremamente valiosas, pois colaboram na construção de atitudes típicas de leitores competentes.

6.6 PROJETO "CRÍTICO LITERÁRIO"

Na biblioteca, os alunos escolhem livremente um livro que querem ler e depois elaboram uma resenha da obra, indicando-a, ou não, para leitura. Sugere-se as seguintes etapas:

Etapa 1 – Escolha dos livros na biblioteca.

Etapa 2 – Leitura individual em prazo combinado com o professor e o responsável pela biblioteca, seguindo as normas para empréstimo de livros.

Etapa 3 – Roda de leitura e discussão na biblioteca. Cada aluno vai escolher trechos do livro para leitura e discussão com os colegas sobre os pontos positivos e/ou negativos da obra.

Etapa 4 – Leitura e análise de resenhas publicadas em jornais e revistas.

Etapa 5 – Elaboração de resenhas, de acordo com um roteiro orientador: introdução e apresentação da obra (resumo do enredo, gênero literário, estilo, época em que foi escrito, autor, linguagem, valores humanos presentes na obra etc.), crítica (aspectos positivos e negativos) e exposição de opinião fundamentada sobre a obra.

Etapa 6 – Divulgação das resenhas em um "mural do leitor" na entrada da biblioteca.

6.7 PROJETO "*PODCAST* LITERÁRIO"

No Ensino Médio, a produção de *podcasts* sobre autores e obras é uma estratégia bastante produtiva, pois os alunos, antes de realizar a gravação e a disponibilização do arquivo de áudio, devem construir um roteiro e, para isso, precisam ler as obras, pesquisar sobre os autores e organizar um roteiro.

Na coleta de informações, realizada na biblioteca, os alunos têm contato com múltiplos gêneros textuais escritos; na elaboração do *podcast,* exercitam a produção de um novo gênero oral formal. Como o arquivo gravado pode ser disponibilizado na internet, precisam definir seu receptor potencial e organizar todo

> **Podcasts:** Um *podcast* consiste em um arquivo de áudio digital que pode ser "baixado" ou "descarregado" da internet e ter diferentes usos educacionais. Esse neologismo surgiu de uma junção da abreviatura da expressão *personal on demand* (POD), utilizada pela empresa norte-americana Apple para nomear seus "tocadores de áudio digital", com a terminação do vocábulo inglês *broadcast,* que significa "transmissão".

o processo de produção, tendo como referência esse interlocutor implícito. Além disso, ao longo das etapas do projeto os alunos também têm oportunidade de desenvolver habilidades necessárias ao trabalho autônomo e colaborativo.

São sugeridas as seguintes etapas:

Etapa 1 – Levantamento dos conhecimentos da turma sobre *podcasts*.

Etapa 2 – Audição e análise de alguns *podcasts*, para compreensão dos recursos e da estrutura desse tipo de arquivo.

Etapa 3 – Escolha das obras literárias que a serem apresentadas pelos grupos, considerando o acervo disponível na biblioteca. É interessante propor que os alunos organizem seus trabalhos como uma sequência de aulas de um curso de literatura ou como episódios de uma série sobre autores e obras, por exemplo.

Etapa 4 – Leitura das obras escolhidas.

Etapa 5 – Pesquisa na biblioteca sobre o contexto histórico e estético das obras, a biografia dos autores e o modo como os livros foram recebidos pela crítica e pelo público na época da publicação. Análise dos valores humanos presentes na obra.

Etapa 6 – Leitura de textos do gênero roteiro e análise coletiva de sua estrutura.

Etapa 7 – Elaboração dos roteiros escritos.

Etapa 8 – Gravação dos arquivos com disponibilização na internet, se possível.

Etapa 9 – Lançamento dos *podcasts* em evento realizado na biblioteca.

O projeto *podcast* literário une o letramento literário e o letramento digital, o que é bastante importante para os alunos de Ensino Médio que fazem parte da chamada geração de "nativos digitais". É interessante que os projetos de ensino incorporem as novas tecnologias, sobretudo no caso de alunos oriundos de classes menos favorecidas ou de localidades em que é difícil o acesso a esses recursos tecnológicos. Para esses alunos, é ainda mais importante o letramento digital, que será exigido deles no mercado de trabalho futuro.

Na internet, há muitos *sites* e arquivos que explicam detalhadamente o uso das ferramentas de produção.

Capítulo 6 Parceria entre biblioteca pública e escola **115**

6.8 PROJETO ENTREVISTA LITERÁRIA

Nesse projeto, a turma é dividida em grupos. Cada grupo lê uma obra literária escolhida no acervo da biblioteca e, depois de analisar a obra e pesquisar sobre ela e seu autor, organiza a encenação de uma entrevista com um especialista na obra, como se estivessem em um programa televisivo.

Etapa 1 – A turma assiste e analisa uma entrevista televisiva sobre literatura para compreensão da estrutura desse tipo de gênero.

Etapa 2 – Escolha das obras literárias a serem abordadas nas entrevistas, considerando o acervo disponível na biblioteca.

Etapa 3 – Leitura das obras escolhidas.

Etapa 4 – Pesquisa na biblioteca sobre o contexto histórico e estético das obras, a biografia dos autores e o modo como os livros foram recebidos pela crítica e pelo público na época da publicação.

Etapa 5 – Elaboração dos roteiros das entrevistas.

Etapa 6 – Encenação das entrevistas em evento realizado na biblioteca. Um aluno representa o especialista na obra e os demais são os entrevistadores. A gravação em vídeo da entrevista também pode ser proposta.

PARA FINALIZAR

Os professores, os bibliotecários e, sobretudo, os alunos têm muito a ganhar com uma parceria que não seja episódica e que considere dois aspectos fundamentais: (1) a leitura é uma prática simultaneamente social e subjetiva, em que se cruzam aspectos culturais, cognitivos e afetivos e (2) a educação de leitores é uma aprendizagem cultural, que pode ser desenvolvida de maneira metódica, mas se alonga para além do tempo e do espaço escolar.

A livre escolha das obras a serem lidas é imprescindível nesse processo, mas as obras que fazem parte do patrimônio cultural não precisam ser excluídas. Isso porque não é salutar para o leitor iniciante ou em formação permanecer preso à "zona de conforto" dos textos que estão de acordo com seus gostos imediatos, é importante que ele tenha contato também com textos que desafiam o horizonte de expectativas e ajudam a desestabilizar suas certezas éticas e estéticas.

Diferenciar as obras a serem lidas daquelas que devem ser estudadas é um ponto fundamental. Como afirma Jouve,

> *No quadro do ensino, temos todo o direito de dispensar o critério de satisfação, fazendo valer que as obras literárias não existem unicamente como realidades estéticas. Elas também são objetos de linguagem que – pelo fato de exprimirem uma cultura, um pensamento e uma relação com o mundo – merecem que nos interessemos por elas (JOUVE, 2012, p. 135).*

Assim, o que se propõe é o acesso ao acervo de bibliotecas públicas como abertura à experiência estética, sem perder de vista a leitura dos textos que formam o patrimônio cultural. O mais importante é formar leitores para a vida e não para um exame.

Para saber mais

• No livro *Como um romance*, o escritor e professor francês Daniel Pennac entrelaça a narrativa de cenas de leitura com reflexões sobre a formação de leitores, definindo os dez "Direitos do Leitor". Trata-se de um texto imperdível para quem trabalha nessa área. Um clássico que merece ser lido e relido.

• O *Manifesto da IFLA/Unesco sobre bibliotecas públicas – 1994* pode ser lido no *site*: <http://snbp.bn.br/manifesto-da-unesco-sobre-bibliotecas-publicas/> (acesso em: 24 ago. 2015).

• Leitura interessante é o texto de Adelina Moura e Ana Amélia A. Carvalho intitulado "*Podcast*: potencialidades na educação" (In: *Revista PRISMA. COM*, n. 3, p. 88-110, 2006. Disponível em: <http://revistas.ua.pt/index.php/prismacom/article/viewFile/623/pdf>. Acesso em: 24 ago. 2015).

REFERÊNCIAS BIBLIOGRÁFICAS

ALONSO, María Elvira Charría de; GÓMEZ, Ana González. **Hacia una nueva pedagogía de la lectura**. 2. ed. Santafé de Bogotá: PROCULTURA: CERLALC, 1993.

BARTHES, Roland. **Escritores, intelectuais, professores e outros ensaios**. Lisboa: Presença, [1974].

_____. **O prazer do texto**. Tradução de J. Guinsburg. Revisão de Alice Kyoto Myashiro. São Paulo: Elos, 1977.

_____. **Aula**. Tradução de Leyla Perrone-Moisés. São Paulo: Cultrix, 1989.

BERNOS, Mathilde. **Interview littéraire**. [S.l.: s.n.], 2013. Disponível em: <http://lebateaulivre.over-blog.fr/article-interview--litteraire-121323305.html>. Acesso em: 1 dez. 2015.

BRASIL, Ministério da Educação. Secretaria de Educação Básica. **Parâmetros curriculares nacionais:** Ensino Médio: Língua Portuguesa. Brasília, 1999.

_____. Ministério da Educação. Secretaria de Educação Básica. **Orientações Curriculares para o Ensino Médio** (Linguagens, códigos e suas tecnologias). Brasília, 2006.

_____. Ministério da Educação. **Matriz de referência Enem**. Brasília: INEP, 2012. Disponível em: <http://download.inep.gov.br/educacao_basica/enem/downloads/2012/matriz_referencia_enem.pdf>. Acesso em: 24 ago. 2015.

FUNDAÇÃO BIBLIOTECA NACIONAL. **Biblioteca pública:** princípios e diretrizes. Rio de Janeiro: Departamento de Processos Técnicos/Coordenadoria do Sistema Nacional de Bibliotecas Públicas, 2000.

IFLA; UNESCO. **Manifesto da IFLA/Unesco sobre bibliotecas públicas**. 1994. Disponível em: <http://archive.ifla.org/VII/s8/unesco/port.htm>. Acesso em: 29 set. 2015.

ISER, Wolfgang. Os atos de fingir ou o que é fictício na obra ficcional. In: LIMA, Luiz Costa. (Org.). **A Teoria da Literatura em suas fontes**. 2. ed. Rio de Janeiro: Francisco Alves, 1984.

JAUSS, Hans Robert. **Pour une esthétique de la reception**. Paris: Gallimard, 1978.

JOUVE, Vincent. **Por que estudar literatura?** São Paulo: Parábola, 2012.

PENNAC, Daniel. **Como um romance**. Rio de Janeiro: Rocco, 1993.

PONDÉ, Glória (Org.). **Leitura e Interpretação**. Rio de Janeiro: Tempo Brasileiro, 1996.

SEIBEL, Bernadete (Dir.). **Lire, Faire lire:** Des usages de l'écrit aux politiques de lecture. Paris: Le Monde, 1995.

ZILBERMAN, Regina; SILVA, Ezequiel T. da. **Leitura; perspectivas interdisciplinares**. 2. ed. São Paulo: Ática, 1991. (Série Fundamentos, v. 42)

7

As novas tecnologias como recurso na sala de aula para ensino de literatura e desenvolvimento da sensibilidade discente

Andréa Portolomeos
Cristiane Rocha Penoni

É inegável que hoje as novas tecnologias, em especial as de informação e comunicação (conhecidas como TICs), são parte da vida diária. Internet, celulares, *tablets*, jogos virtuais, etc., estão cada vez mais presentes no dia a dia. Como consequência, as pessoas estão imersas em variados estímulos (verbais e não verbais), cujos significados dizem respeito ao momento histórico em que vivem e aos meios culturais com os quais se relacionam. Por isso, é necessário saber perceber esses estímulos, compreendê-los e associá-los a outros e seus significados. A multiplicidade de estímulos não é uma realidade somente ao lidar com as TICs. No contato com o texto literário, é possível perceber uma variedade de elementos. Esses elementos não são apenas as palavras escritas (e lidas) de uma forma contínua. Também há o som, as diversas imagens que uma palavra ou expressão pode evocar, a combinação de palavras, etc. Existem diversos elementos que representam inúmeros estímulos para o leitor de um texto literário.

Considerando que as TICs são parte integrante do cotidiano de grande número dos alunos da educação básica, propõe-se aqui discutir de que forma as novas tecnologias podem ser usadas como recurso na prática da sala de aula no ensino da literatura para o desenvolvimento da sensibilidade discente. Para isso, neste capítulo, trata-se da possibilidade de aproximar a interpretação necessária para se comunicar por meio das novas tecnologias para a leitura literária. Como consequência, discute-se de que maneira as novas tecnologias podem ser usadas nas aulas de literatura.

7.1 OS ESTÍMULOS PRESENTES NAS TICS E NOS TEXTOS LITERÁRIOS

Os estímulos com os quais se tem contato no uso das TICs são de várias naturezas: imagens, sons, cores, palavras, ritmos e até mesmo vibrações, no caso de alguns tipos de jogos. Esses estímulos, que muitas vezes são apresentados de forma simultânea ao usuário de tecnologias, comunicam alguma informação ou grupo de informações para a pessoa que utiliza as TICs.

> **Texto:** "Texto" aqui é entendido como algo que comunica ideias; pode ser tanto palavras estruturadas em frases e parágrafos quanto imagens ou sons que comunicam algo para determinado receptor desse texto.

Pode-se entender que esses estímulos combinados formam um texto que possui elementos que podem ser verbais (palavras) e não verbais (imagens, sons etc.). São exemplos disso os avisos sonoros em *sites* de relacionamento quando alguém recebe uma nova mensagem, ou os ícones que representam a atividade em uma publicação *on-line*. Por comunicarem algo para aquele que utiliza as TICs, esses elementos não verbais também constituem um texto. Esse texto formado pelos diversos elementos verbais e não verbais em contextos tecnológicos permite o estabelecimento da comunicação entre usuários das TICs. Por essa razão, no contato com jogos, vídeos, recursos internéticos e outras formas pertencentes ao âmbito das TICs, é necessário saber interpretar e combinar as informações comunicadas por esses estímulos para poder compreender a mensagem que está sendo transmitida.

Conforme mencionado na introdução deste capítulo, algo parecido acontece quando se lida com textos literários, pois ali há uma multiplicidade de estímulos que precisam ser interpretados e combinados para uma leitura proveitosa. Os estímulos mais facilmente percebidos na literatura são as palavras, mas elas não são o único tipo: o som, a combinação de palavras, as pequenas modificações de significado que o contexto provoca etc. E os estímulos não se limitam às palavras e aos efeitos provocados por elas; há, por exemplo, eventuais ilustrações que acompanham o texto, a tipografia empregada, a forma que o texto é disposto na página, entre outros que compõem a materialidade do texto e podem representar estímulos necessários para a interpretação do texto literário.

Pode-se perceber que isso é similar ao que acontece nas TICs, ou seja, há uma multiplicidade de elementos que fazem parte do texto literário, e esses elementos são verbais e não verbais. Para compreendê-los, é necessário ser capaz de estabelecer e interpretar as relações que esses elementos criam em conjunto e as influências que um exerce sobre o outro. Com isso, pode-se dizer que há semelhança na maneira de interpretar os textos literários e os textos que se estabelecem nas TICs. No entanto, existem diferenças entre a forma que os elementos se constituem em cada um desses tipos de textos. É disso que se trata a seguir.

7.2 O SIGNO UTILITÁRIO E O SIGNO ESTÉTICO

Antes de tudo, é importante observar que as TICs podem veicular textos pragmáticos, ou seja, textos cujo propósito fundamental é comunicar algo prático ou teórico, e textos cujas características apresentam valor artístico-literário. Mais à frente no capítulo aborda-se a literatura nas TICs. Porém, por enquanto, quando se menciona os textos presentes nas TICs, refere-se apenas aos textos com valor pragmático.

De que maneira os estímulos (ou *signos*) presentes em formas de arte – em especial, na literatura – diferem-se daqueles presentes nas TICs? Para pensar essa diferença, é possível resgatar o que Mukařovský diz sobre os signos utilitários e os signos estéticos:

> *Na realidade, as relações entre a actividade e a obra, como seu resultado são, em arte, muito mais complexas do que aquilo que num esquema se pode indicar. A supremacia da função estética converte a coisa ou o acto em que se manifesta num signo autônomo e desprovido de ligação unívoca com a realidade a que alude e com o sujeito de que provém ou a que se dirige (autor e receptor da obra artística, respectivamente). O signo estético puro que é a obra de arte não tem a validez de uma comunicação nem mesmo quando comunica alguma coisa; pode insinuar a possibilidade de um aproveitamento prático (como instrumento de uma actividade, etc.), mas não serve para realizar essa finalidade aparente; pode ser expressão de um estado de espírito (como, por exemplo, um poema lírico) mas sem o exprimir com obrigatoriedade documental, etc. No signo estético, a atenção não se centra nas ligações às coisas ou sujeitos a que ele alude mas sim na construção interna do signo em si. Ao contrário dos signos utilitários, que utilizam para os seus objectivos as funções prática e teórica (cognoscitiva), o signo estético, enquanto obra de arte, é um signo autónomo e tem o seu fim em si próprio (MUKAŘOVSKÝ, 1981, p. 224, grifos do autor).*

Em outras palavras, pode-se dizer que o signo utilitário é aquele que tem um significado diretamente ligado ao mundo real – usado para comunicação prática ou teórica –, enquanto o

Valor pragmático: Lembre-se: o texto com valor pragmático é aquele que não é literário; é um texto em que as palavras devem ser entendidas de uma forma mais direta, sem depender de muitas interpretações.

signo estético apenas *alude* a algo, e essa alusão depende da combinação de elementos – tanto verbais quanto não verbais – da obra artística para sugerir possíveis interpretações de significado. Esses significados não são únicos: um dos pontos essenciais do signo estético é a multiplicidade de interpretações que ele pode sugerir. Isso ocorre pois, em um contexto artístico-literário, os signos sofrem certas transformações em seus significados (isso é discutido adiante), e essas transformações permitem o descolamento da palavra em relação ao seu significado pragmático ou seu "significado de dicionário". Com isso, o signo estético pode ser entendido de formas variadas, porque a obra de arte permite essa liberdade. Mas é preciso ter atenção: apesar de poder ter vários significados, um signo estético possui um limite; nem toda interpretação é possível, pois é necessário que as interpretações sejam sustentadas pelo texto e pela construção dos signos.

Independentemente de ser um texto pragmático ou um texto literário, deve-se interpretar os signos que constituem o texto. A diferença que existe entre a interpretação dos dois tipos de texto, conforme pode ser depreendido da fala de Mukařovský, é que a relação entre os signos estéticos e o mundo real é muito mais indireta do que a relação entre os signos utilitários e o mundo real. Por exemplo, quando se lê em uma reportagem ou em um livro de ciências a palavra "pedra", ela muito provavelmente se refere a algum dos significados encontrados no dicionário. Já em "No meio do caminho", de Carlos Drummond de Andrade, ou em "A educação pela pedra", de João Cabral de Melo Neto, a palavra "pedra" pode assumir significados múltiplos, porém não infinitos. E isso acontece justamente pelo fato de, nesses poemas, "pedra" ser um signo estético, que é construído por meio das relações estabelecidas pelos signos presentes no texto.

É possível que uma das dificuldades na leitura literária se encontre justamente no fato de o signo estético encontrar-se afastado do significado pragmático. Um leitor que não está preparado para ler o signo estético como tal não é capaz de fazer as associações necessárias à interpretação do texto literário. Por esse motivo, o leitor deve ser ensinado a buscar "pistas" que o permitirão decodificar os signos presentes no texto, e, assim, ser capaz de interpretar o texto literário de forma mais competente.

> **Semiótica de Peirce:** A semiótica, conforme Charles Sanders Peirce trabalhou, é o estudo dos signos, ou seja, de diferentes tipos de elementos que podem comunicar algo.

7.3 UM POUCO SOBRE SEMIÓTICA

Ao se falar em signo, parece adequado recorrer à semiótica de Peirce para entender um pouco melhor como funciona a rede de relações dos signos que compõem o texto literário. Pensando sobre os conceitos da semiótica, é possível começar a vislumbrar de que forma o uso das tecnologias pode ser uma ferramenta importante no desenvolvimento da sensibilidade do aluno em relação à literatura.

De acordo com a semiótica peirciana existem três tipos de signo. O primeiro é o *ícone*, e ele se encontra no que é chamado "nível da primeiridade", que é o da sensação, da possibilidade e daquilo que pode vir a ser. Assim, um signo de primeiridade é aquele que não aconteceu ainda, apenas sugere algo que pode acontecer. O segundo signo é o *índice*. Ele se encontra no "nível da secundidade", da ação e da reação, do fato concreto. Já o terceiro signo é o *símbolo*, que está no "nível da terceiridade" e representa uma síntese ou interpretação do mundo. Os símbolos são os signos da comunicação pragmática. Já na literatura (e em especial na poesia), as palavras assumem a característica de ícones (ou seja, signos da primeiridade), pois são convertidas em sensações, com possibilidades de inúmeras interpretações.

Como a poesia é a faceta mais icônica da literatura, ou seja, com o maior número de signos do tipo "ícone", pode-se pensar em como os signos agem dentro de um texto poético. Segundo Pignatari,

> *Descobriu Jakobson que a linguagem apresenta e exerce função poética quando o eixo da similaridade se projeta sobre o eixo da contiguidade. Quando o paradigma se projeta sobre o sintagma. Em termos da semiótica de Peirce, podemos dizer que a função poética da linguagem se marca pela projeção do ícone sobre o símbolo – ou seja, pela projeção de códigos não verbais (musicais, visuais, gestuais, etc.) sobre o código verbal. Fazer poesia é transformar o símbolo (palavra) em ícone (figura) (2005, p. 17).*

O que Pignatari quer dizer aqui é que, em um contexto em que a linguagem assume a função poética (ou pensando em Mukařovský, quando se tem o uso de signos estéticos), a palavra perde sua ligação direta e rígida com um objeto no mundo real. Isso acontece porque as palavras na poesia são ícones e, como tais, são possibilidades. Essas possibilidades são o que permitem a transformação do ícone em outro signo, que também é um ícone, que se transforma novamente em um novo ícone etc. Esse processo acontece por meio da associação entre diferentes signos (não só verbais, como também não verbais) na extensão do texto poético. Os signos em um texto literário projetam-se uns sobre os outros, modificando e sendo modificados de forma mútua. Pignatari diz que a projeção acontece a partir do não verbal sobre o verbal, fazendo com que o verbal – inicialmente um símbolo – seja transformado em ícone pela ação do não verbal. É possível argumentar que o verbal também se projeta sobre o não verbal, pois há uma relação mútua entre esses dois tipos de signos.

É possível supor que as palavras, que *a priori* são símbolos, atuam sobre outros símbolos, e que esse atuar mútuo faz com que elas se transformem em ícones. Esses ícones atuam sobre mais símbolos, que se transformam em novos ícones, em um processo contínuo de atuação e transformação dos signos. Sobre esse processo de transformação do símbolo em ícone, pode-se retomar Pignatari, quando aborda a relação triádica signo / objeto / interpretante:

> *Peirce cria um terceiro vértice, chamado Interpretante, que é um signo de um signo, ou [...] um supersigno, cujo Objeto não é o mesmo do signo primeiro, pois que engloba não somente Objeto e Signo, como a ele próprio, num contínuo jogo de espelhos. [...]*

> *Um dos postulados básicos – melhor dizendo – uma das descobertas fundamentais de Peirce é a de que o significado de um signo é sempre outro signo (um dicionário é o exemplo que ocorre imediatamente); portanto o significado é um processo significante que se desenvolve por relações triádicas – e o Interpretante é o signo-resultado contínuo que resulta desse processo (PIGNATARI, 2004, p. 49).*

O processo que Pignatari descreve nesse trecho pode ser resumido em "o significado de um signo é sempre outro signo". Esse processo é o que permite a multiplicidade de sentidos das palavras em uma obra literária (ainda mais na poesia). É necessário apontar que as transformações que as palavras (assumindo assim o caráter de "signo estético" ou "ícone") sofrem dentro do texto literário não ocorrem de maneira aleatória: uma palavra é transformada em uma relação recíproca com outros elementos do texto – tanto os signos verbais quanto os não verbais. É por isso que há um limite para a interpretação da poesia, conforme foi apontado anteriormente, com o exemplo da pedra. Ainda que a poesia permita diferentes interpretações de uma palavra, existem aquelas que são possíveis e aquelas que estão além do que a materialidade do texto oferece.

Deve ter ficado claro qual é a principal diferença entre os signos presentes em textos literários e aqueles presentes em textos pragmáticos: enquanto a leitura literária é lida com ícones, que são signos mais volúveis, a leitura pragmática é lida com símbolos, que são ícones mais estáveis. Entender essa diferença é importante, e os alunos devem ser estimulados a percebê-la.

7.4 AS TICS E A LITERATURA

Anteriormente, foi mencionado que as TICs veiculam não só textos pragmáticos como também textos literários. Nesta seção, faz-se uma abordagem de como as novas tecnologias se relacionam com a literatura.

Com o desenvolvimento tecnológico impulsionado pela informática e áreas afins, surgiram novas possibilidades para os artistas. Aproveitando as novas tecnologias, alguns incorporaram à arte novas formas de produzir e experienciar as obras. Fizeram isso por meio de uma transposição de valores estéticos e conceituais dos suportes já tradicionais para os novos suportes tecnológicos. Ao usar os novos meios tecnológicos na produção artística, novos procedimentos criativos surgiram, e, como consequência, apareceram novas formas de trabalhar e combinar os signos nas obras artísticas.

É interessante citar aqui Walter Benjamin (1987), quando ele fala sobre a existência de momentos críticos na arte. Em tais momentos, são geradas demandas que só podem ser atendidas em sua totalidade em um momento posterior, em um novo estágio técnico, com uma nova forma de arte. Pode-se considerar a poesia concreta como uma espécie de precursora da literatura que é produzida pelas TICs: os poetas do Concretismo buscaram incorporar em suas obras ícones que iam além da palavra e do verso, desenvolveram uma nova forma de combinar os ícones verbais e não verbais presentes na obra. Isso foi feito por meio de diversos recursos que buscavam incorporar na poesia elementos como noções de música, movimento, cor, geometria etc. Hoje, com os novos recursos tecnológicos, é possível incluir esses elementos na poesia, mas de uma forma nova, diferente da maneira que os concretistas faziam.

> **Poesia concreta:** O Concretismo foi um movimento poético surgido no Brasil no fim da década de 1950, tendo como iniciadores Haroldo de Campos, Augusto de Campos e Décio Pignatari.

As novas tecnologias, principalmente as audiovisuais, permitiram o surgimento de formas inovadoras, como a chamada hiperpoesia. A hiperpoesia não é a transposição do texto literário para um meio digital, ela combina o texto literário com técnicas que só são possíveis graças às novas mídias. Isso quer dizer que som, imagem, cor, velocidade, movimento, vídeo e diferentes recursos gráficos podem ser parte integrante da hiperpoesia, e todos se tornam elementos significativos dentro do texto, influenciando no significado dos outros elementos. Com isso, surge uma obra altamente integrada às TICs. A hiperpoesia é produzida por meio de recursos tecnológicos e é divulgada por eles (principalmente a internet).

É importante notar que na hiperpoesia a palavra não é o elemento central, pois há uma relação de harmonia entre signos verbais e não verbais, sem estabelecimento de relação de hierarquia. É por esse motivo que se pode considerar que a hiperpoesia está em um nível ainda mais semiótico que a poesia "tradicional", que é aquela que tem o papel como suporte principal, além de programas como *editores de texto* e *leitores de e-book*, que simulam o papel em uma situação digital – a "poesia em papel", que é produzida e consumida nesses suportes. O que acontece é que a hiperpoesia promove uma percepção mais intensa dos signos não verbais. Muitas vezes, eles são só sugeridos na poesia em papel, por meio de recursos estéticos. Na hiperpoesia, os signos não verbais ganham um destaque mais próximo do que é dado aos signos verbais. É por isso que é possível dizer que a hiperpoesia possui uma característica ainda mais icônica. Assim, os signos presentes na hiperpoesia transformam e são transformados (e são percebidos em sua transformação) de uma maneira mais intensa que na poesia em papel.

Como na poesia em papel, a hiperpoesia é estruturada a partir da combinação de ícones que afetam os sentidos de quem os observa. Esses ícones se somam a outros ícones, sempre se transformando e sugerindo novos ícones. O que difere a hiperpoesia da poesia em papel é a intensidade dessas transformações de ícones (além de, é claro, os tipos de suporte, ou seja, papel e TICs).

Como a hiperpoesia é produzida e compartilhada por meio das tecnologias de informação e comunicação, pode-se considerar que ela aparece como uma alternativa para as aulas de literatura, tendo como objetivo o desenvolvimento da sensibilidade literária dos alunos. Por esse motivo, na seção a seguir, apresenta-se uma proposta de atividade, buscando unir o ensino da literatura com o uso das novas tecnologias.

7.5 PROPOSTA DE ATIVIDADE

A partir deste momento, apresenta-se uma proposta de atividade a ser desenvolvida em sala de aula. Ela deve ser entendida

Capítulo 7 As novas tecnologias como recurso na sala de aula para ensino de literatura... **127**

como uma sugestão de procedimentos, que podem ser adaptados de acordo com as necessidades e possibilidades da escola, do professor e dos alunos. Esta atividade é pensada para ser realizada como um projeto com duração de dois meses. O objetivo é permitir que os alunos sejam capazes de usar as tecnologias com as quais têm contato em seu dia a dia. Com essas tecnologias, devem produzir um trabalho criativo e que explore signos verbais e não verbais na construção de uma obra de hiperpoesia.

Para o desenvolvimento da atividade, o processo de ensino--aprendizagem é pensado dentro do sociointeracionismo de Vygotsky. Essa escolha se baseia no fato de que, na abordagem vygotskyana, entende-se que o aprendizado não pode ser dividido em vários subitens, conforme apontam Williams e Burden (1997). Considerando que essa atividade se propõe a trabalhar com a combinação de ícones verbais e não verbais, como forma de possibilitar a compreensão de um todo de relações entre signos (e também as transformações decorrentes dessas relações), a abordagem de Vygotsky parece ser adequada.

Outros fatores que contribuíram para a escolha dessa abordagem são os conceitos de mediação e de zona de desenvolvimento proximal (ZDP). Dentro da teoria sociointeracionista, a mediação refere-se ao papel do *outro* na aprendizagem do indivíduo, pois o *outro* faz escolhas e molda as experiências de aprendizado do indivíduo. Já a ZDP, que é o conceito mais famoso de Vygotsky, "é o termo usado para se referir à camada de habilidade ou conhecimento que está logo além daquela com a qual o aprendiz é atualmente capaz de lidar" (WILLIAMS; BURDEN, 1997, p. 40, tradução nossa). Para que o aprendiz possa avançar para a próxima camada da ZDP, Vygotsky diz que é necessário que ele trabalhe com alguém que já esteja mais avançado, para que o que tem menos conhecimento ou habilidade possa aprender a partir da experiência do outro. Trata-se de um conceito importante e que deve ser sempre considerado durante o desenvolvimento desta atividade, pois esta foi pensada para, entre outras coisas, auxiliar os alunos com menos experiência com poesia e buscar o desenvolvimento dessa habilidade por meio do contato com pares mais avançados.

Para que o professor trabalhe a sensibilidade poética de seus alunos pelas novas tecnologias, propõe-se uma atividade dividida em duas etapas. A primeira etapa é realizada em sala de aula e a segunda é executada fora dos períodos de aula, com um trabalho que os alunos devem desenvolver em grupos. A atividade é pensada para ser realizada em grupos com alunos que possuam características diferentes, ou seja, cada grupo deve contar tanto com alunos que o professor percebe que já têm alguma habilidade de interpretação de poesia quanto com alunos com menos facilidade. Isso é necessário para que os alunos que já têm mais familiaridade com a poesia possam auxiliar e incentivar os outros. Também é importante que o professor se atente para outras habilidades dos alunos do grupo: são criativos? São esforçados? Possuem alguma habilidade com o uso do computador? Observar essas características na hora de dividir os grupos é importante para que o trabalho possa fluir e para que os alunos possam se ajudar de forma mútua. Convém que o professor esteja atento em como é o relacionamento entre os diferentes alunos (colocar juntos dois alunos que têm dificuldade de convivência é, provavelmente, prejudicial para o desenvolvimento das atividades).

Semiótica: Para ter uma melhor compreensão da semiótica, sugere-se para o professor a leitura do livro *O que é Semiótica*, de Lúcia Santaella.

Ressalta-se que, enquanto não se propõe que a semiótica seja ensinada em seus termos e conceitos para os alunos, o professor deve estimular a associação de signos durante o desenvolvimento da atividade, podendo até mesmo explicar a diferença entre ícone, índice e signo, mas sem aprofundar na teoria de Peirce (a não ser que os alunos demonstrem interesse e haja espaço para trazer a teoria para a sala de aula).

A atividade em sala de aula é dividida em cinco momentos: fruição, problematização, elaboração, socialização, e *feedback* e indicação. Após os alunos terem formado grupos, o professor deve apresentar para a turma a proposta de trabalho. Neste momento, o professor esclarece aos alunos que eles trabalharão com poesia, mas de uma forma diferente. O professor então passa um vídeo de hiperpoesia para os alunos. Sugere-se o vídeo *Cinco poemas concretos 2014*, dirigido por Christian Caselli, disponível *online*. No entanto, caso o professor tenha preferência por alguma outra obra de hiperpoesia, a atividade pode ser adaptada.

No momento da fruição, os alunos assistem ao vídeo e, em grupo, comentam suas impressões. Nesta etapa, não é necessário que os alunos elaborem sobre o poema; eles podem apenas falar suas opiniões: "gostei", "não gostei", "não entendi" etc. O professor pode aproximar-se dos grupos e ouvir as ideias dos alunos, mas não deve comentar nem recriminar opiniões que pareçam absurdas.

Em seguida, acontece o momento da problematização. O professor tem duas opções: a primeira é indicar um tema que é tratado no poema e pedir para os grupos encontrarem elementos que comprovem aquilo que o professor disse; a segunda opção é apontar alguns elementos e pedir que o grupo os discuta, associando-os ao resto do poema e tentando descobrir qual é o tema (ou um dos temas) do poema – ou, no caso da obra sugerida, dos cinco poemas que a compõem. Para que os alunos se sintam motivados, pode ser interessante propor a atividade como um desafio. O professor então passa o vídeo novamente, para que os alunos possam tentar responder à questão proposta pelo professor.

Também é interessante que, no caso de obras de hiperpoesia que são adaptações de poesias tradicionais, o professor apresente para os alunos as obras originais. Por exemplo, se o professor apresentar *Cinco Poemas Concretos 2014* para a sala, pode projetar para os alunos os poemas "Cinco" (de José Lino Grunewald, 1964), "Velocidade" (de Ronald Azeredo, 1957), "Cidade" (de Augusto de Campos, 1963), "Pêndulo" (de E. M. de Melo e Castro, 1961-1962) e "O Organismo" (de Décio Pignatari, 1960), para que comparem os poemas realizados no vídeo e o poema concreto original. O momento da problematização é aquele em que o professor dá algumas dicas para os alunos, enquanto tenta incentivá-los a buscar as respostas na leitura do poema.

Em seguida, os alunos passam para a elaboração, que consiste em um momento em que o grupo trabalha junto para tentar responder à questão proposta. O professor pode aproximar-se dos grupos, para observar como o trabalho está acontecendo. É importante prestar atenção para se certificar de que todos estão participando e também incentivar os alunos a contribuir com suas interpretações e análises. O professor pode também oferecer ajuda com a interpretação, evitando dar as respostas, mas sim indicações de elementos que os alunos podem analisar.

Depois de passado um tempo previamente combinado (que o professor pode decidir, de acordo com as condições e possibilidades do momento), a elaboração é substituída pela socialização. É nesta etapa que os grupos apresentam suas conclusões para os outros. Os alunos podem fazer comentários sobre as análises dos colegas e questionar uns aos outros e ao professor. É importante que o professor esteja atento aos comentários dos alunos, interferindo apenas em caso de interpretações que pareçam não se sustentar com o texto apresentado – nesses casos, pode-se permitir que o aluno e seu grupo busquem explicar as conclusões que apresentaram ou mesmo reelaborar a resposta.

Por fim, o último momento é o de *feedback* e indicação. Nesta etapa, o professor comenta as análises feitas pelos grupos, ressaltando os pontos positivos em cada análise. A partir de seus comentários, o professor deve tentar ressaltar como os elementos (ícones) presentes no vídeo se associam para que seja possível a interpretação da obra por quem a assiste. O professor pode também sugerir outras obras, semelhantes à que foi trabalhada, para que os alunos interessados procurem na internet.

Após essa atividade em sala, o professor deve propor aos alunos a próxima fase, que realizarão fora de sala de aula. Com os mesmos grupos, devem utilizar algum meio tecnológico para produzir uma obra de hiperpoesia. Os alunos têm a opção de adaptar uma obra existente e de criar uma obra completamente nova. O professor precisa deixar claro que os alunos devem ser capazes de combinar elementos verbais e não verbais, de maneira que uns influenciem os outros, modificando significados e criando uma rede de relações entre os signos da obra que eles produzirão. O professor deve oferecer também apoio aos alunos, revisando as ideias, fazendo sugestões de aprimoramento, e, caso possível, levando os alunos para trabalhar em sala de informática para desenvolver o projeto.

Ao fim do projeto, as obras produzidas pelos alunos podem ser apresentadas em sala de aula ou em algum evento escolar, caso seja possível. Com isso, espera-se que os alunos aprendam, uns com os outros e com o professor, a fazer a leitura dos diferentes signos que compõem os textos literários. A partir disso, os alunos podem desenvolver sua sensibilidade em relação ao signo estético e, quem sabe, o gosto pela literatura.

PARA FINALIZAR

Aqui são retomados alguns pontos apresentados neste capítulo:

- Tanto a literatura quanto as TICs usam diferentes signos para comunicar *alguma coisa*. Esses signos são palavras, sons, cores, ritmos, vibrações, movimentos etc.

- Na literatura, e em especial na poesia, os signos são o que a semiótica classifica como *ícones*. Os ícones são aqueles signos que representam uma possibilidade, uma sensação, um "vir a ser".

- Os ícones em literatura atuam uns sobre os outros, provocando transformações mútuas nos sentidos, o que permite diversas (mas não infinitas) interpretações do texto literário.

- Hoje, existem modalidades de literatura que aproveitam recursos das TICs para a incorporação de signos não verbais nos textos. Um exemplo disso é a chamada hiperpoesia.

- O trabalho com hiperpoesia em sala de aula pode auxiliar o professor de literatura a aproximar seus alunos do texto literário, uma vez que a hiperpoesia usa recursos tecnológicos, podendo despertar o interesse em sala de aula.

Por fim, destaca-se que o trabalho com hiperpoesia pode despertar nos alunos a vontade de também produzir literatura, fora do contexto da sala de aula. Caso isso ocorra, a comunidade escolar pode promover eventos de literatura e de artes, para revelar e incentivar novos talentos. (Quem sabe, depois, publicar na internet as obras dos alunos?) Essa pode ser uma maneira de promover a produção e a apreciação cultural no ambiente escolar.

REFERÊNCIAS BIBLIOGRÁFICAS

BENJAMIN, Walter. A obra de arte na era de sua reprodutibilidade técnica. In: _____. **Magia e técnica, arte e política**. São Paulo: Brasiliense, 1987. v. 1.

MUKAŘOVSKÝ, Jan. A arte. In: _____. **Escritos sobre estética e semiótica da arte**. Lisboa: Editorial Estampa, 1981.

PIGNATARI, Décio. **O que é comunicação poética**. 8. ed. Cotia: Ateliê Editorial, 2005.

_____. **Semiótica & literatura**. 6. ed. Cotia: Ateliê Editorial, 2004.

WILLIAMS, Marion; BURDEN, Robert L. Further schools of thought in psychology: humanism and social interactionism. In: _____. **Psychology for language teachers:** a social constructivist approach. Cambridge: University Press, 1997.

8

As diretrizes dos Parâmetros Curriculares Nacionais (PCN) e dos documentos oficiais de educação para o ensino de literatura e uma efetiva prática docente para a formação da subjetividade discente

Andréa Portolomeos
Cristina Duarte

Os documentos oficiais de educação são uma ferramenta de orientação aos professores e demais agentes do processo educacional, que têm a finalidade de aprimorar os trabalhos realizados no âmbito escolar. Desses documentos, provavelmente os Parâmetros Curriculares Nacionais (PCN) sejam os mais conhecidos e amplamente discutidos. Além deles, as Orientações Curriculares para o Ensino Médio (OCEM) também são um importante documento. Diante disso e tendo em vista a importância do objeto literário na formação plena do indivíduo, é apresentada neste capítulo uma leitura desses documentos oficiais, visando compreender qual o tratamento sugerido ao ensino de literatura nas escolas.

8.1 PARÂMETROS CURRICULARES NACIONAIS

Os Parâmetros Curriculares Nacionais (PCN) compõem um documento oficial da Secretaria de Educação e estão divididos em três volumes: o primeiro é destinado aos anos iniciais do Ensino Fundamental (1ª a 4ª séries, que hoje correspondem a 1º a 5º anos), o segundo refere-se a 5ª a 8ª séries do Ensino Fundamental (atuais 6º a 9º anos) e o terceiro é voltado ao Ensino Médio. Além desses volumes, foi publicado um volume extra, denominado PCN+, também voltado ao Ensino Médio. Os PCN abrangem todas as disciplinas que compõem o currículo da escola básica e foram publicados no intuito de auxiliar o professor na condução de suas aulas, tendo em vista a formação dos alunos como cidadãos participativos, reflexivos e autônomos.

Para avaliar as recomendações desses parâmetros para o trabalho com o texto literário, neste capítulo são analisados os PCN de Língua Portuguesa, uma vez que não há recomendações específicas voltadas à literatura.

8.1.1 Parâmetros Curriculares Nacionais para o Ensino Fundamental

Os PCN destinados ao Ensino Fundamental foram publicados em 1997 (exemplar direcionado aos primeiros ciclos – 1ª a 4ª séries) e em 1998 (exemplar direcionado aos últimos ciclos – 5ª a 8ª séries). O documento enfatiza os objetivos do Ensino Fundamental, que deve capacitar os alunos a:

- ser cidadãos, solidários e participativos social e politicamente;
- se posicionar criticamente;
- conhecer os aspectos sociais, materiais e culturais do país;
- valorizar as pluralidades e respeitar as diferenças;
- utilizar diferentes linguagens para produzir, expressar e comunicar ideias, além de interpretar e usufruir produções culturais;
- questionar sua própria realidade.

Pode-se perceber que os objetivos apresentados têm estreita relação com a leitura do texto literário, uma vez que, por meio da literatura, entramos em contato com diferentes mundos e diversas realidades inventadas, que ampliam nosso ângulo de visão de mundo, nos tornando mais sensíveis a nós mesmos e ao outro. Conforme afirma Antonio Candido (1995), a literatura permite ao leitor a confirmação e a negação dos valores da sociedade, bem como permite visões diferenciadas dos vários aspectos da realidade. Além disso, tem papel de formadora de personalidade e fomentadora das percepções mais sutis. Candido afirma ainda que "a literatura desenvolve em nós a quota de humanidade na medida em que nos torna mais compreensivos e abertos para a natureza, a sociedade, o semelhante" (CANDIDO, 1995, p. 180). Ora, sendo a literatura um fator determinante da construção da subjetividade do aluno e uma fonte tão rica para alcançar os objetivos propostos ao Ensino Fundamental, é evidente a importância de uma abordagem eficiente do texto literário na escola.

Entretanto, o espaço dedicado pelos PCN à discussão do trabalho com a literatura é bastante reduzido. Em nenhum dos dois exemplares destinados ao Ensino Fundamental há um capítulo direcionado especificamente ao ensino da literatura, o que se tem é um curto tópico denominado "A especificidade do texto literário". Nos PCN voltados aos anos iniciais, o referido tópico fala sobre a importância de o texto literário estar inserido no cotidiano escolar, uma vez que se trata de uma forma específica de conhecimento. Em seguida, o documento procura caracterizá-lo, retomando, embora não diretamente, o conceito de *mimesis* e destacando que o trabalho com a linguagem é capaz de transgredir a realidade e as dimensões subjetivas proporcionadas pelo texto ficcional. Na sequência, comenta a respeito do ensino de literatura como aquele que envolve o "exercício de reconhecimento das singularidades e das propriedades compositivas que matizam um tipo particular de escrita" (BRASIL, 1997, p. 30). Afirma ainda que, por meio desse tipo de ensino, é possível evitar equívocos comumente cometidos no âmbito escolar diante da abordagem dos textos literários, como a utilização desses textos para fins pedagógicos e moralistas ou para exercícios gramaticais, que fogem ao "prazer do texto" e "pouco ou nada contribuem para a formação de leitores capazes de reconhecer as sutilezas, as particularidades, os sentidos, a extensão e a profundidade das construções literárias" (BRASIL, 1997, p. 30).

No exemplar para as últimas séries do Ensino Fundamental, de forma muito semelhante, o tópico tem início buscando caracterizar o texto literário e informando que se trata de "uma forma peculiar de representação e estilo em que predominam a força criativa da imaginação e a intenção estética" (BRASIL, 1998, p. 26). Afirma que o texto literário não está limitado a critérios de observação fatual e que os ultrapassa para "constituir outra mediação de sentidos entre o sujeito e o mundo, entre a imagem e o objeto" e, assim como no volume anterior, destaca esse tipo de texto como distinta "forma/fonte de produção/apreensão de conhecimento" (BRASIL, 1998, p. 26). Em seguida, o caracteriza segundo o ponto de vista linguístico, afirmando ser um texto livre para "romper os limites fonológicos, lexicais, sintáticos e semânticos traçados pela língua" (BRASIL, 1998, p. 27). Por fim, repete exatamente as mesmas palavras do volume anterior, chamando a atenção para os usos equivocados do texto literário que em nada colaboram na formação do leitor.

Apesar de essas considerações serem bastante pertinentes, é preciso refletir a respeito do espaço extremamente reduzido que esses documentos destinam à reflexão sobre o texto literário no âmbito escolar, já que ocupa uma parte mínima (menos de duas laudas) em documentos bastante extensos. Embora esses parâmetros afirmem a importância do trabalho com a literatura, demonstram a falta de prestígio da arte literária diante das necessidades pragmáticas da sociedade – consequentemente, da escola –, que muitas vezes resulta em negligência na formação da subjetividade do indivíduo. Essa posição de desprestígio da literatura contradiz os objetivos do ensino escolar apontados pelos PCN, já que dificulta e até mesmo inibe uma experiência de interação entre aluno e texto literário, que, como visto, é fundamental para a formação dos alunos como cidadãos participativos, reflexivos e autônomos.

8.1.2 Parâmetros Curriculares Nacionais para o Ensino Médio

Nos Parâmetros Curriculares Nacionais para o Ensino Médio (PCNEM), publicados em 1999, é recomendado o estudo da língua segundo uma concepção interacional de linguagem, pautada no ensino por meio de diferentes gêneros textuais que circulam socialmente, sendo os textos literários incluídos nesses gêneros. Desse modo, o documento não trata dos textos literários em nenhum tópico específico. A discussão sobre a literatura aparece diluída na discussão geral a respeito da linguagem.

O documento fala brevemente sobre o estudo da literatura pelo viés histórico, frequentemente adotado na sala de aula, sem esclarecer tal perspectiva. Consta no documento apenas o comentário: "A história da literatura costuma ser o foco da compreensão do texto; uma história que nem sempre corresponde ao texto que lhe serve de exemplo" (BRASIL, 1999, p. 16). Em seguida, comenta a respeito da dificuldade de se delimitar o texto literário: "O conceito de texto literário é discutível. Machado de Assis é Literatura, Paulo Coelho não. Por quê? As explicações não fazem sentido para o aluno" (BRASIL, 1999, p. 16). Propõe como solução para esses problemas a comunicação como um processo de construção de significados em que o sujeito interage socialmente, como base de todas as ações no ensino.

Nos PCN+, que são as Orientações Educacionais Complementares aos PCNEM, publicadas em 2002, há os mesmos problemas encontrados nos PCNEM, ou seja, uma abordagem reduzida do

Capítulo 8 As diretrizes dos Parâmetros Curriculares Nacionais (PCN) e dos documentos oficiais... **137**

ensino do texto literário. Desse modo, o debate apresentado por esses documentos a respeito dos caminhos que a escola deve adotar para o trabalho com o texto literário e com a formação da subjetividade do estudante é insignificante diante da importância da temática.

8.2 ORIENTAÇÕES CURRICULARES DO ENSINO MÉDIO (OCEM)

As Orientações Curriculares do Ensino Médio (OCEM), publicadas em 2006, compõem um documento oficial da Secretaria de Educação Básica. Foram desenvolvidas no intuito de atender à demanda pela retomada das discussões carentes de esclarecimentos dos PCN e dos PCNEM, a fim de aprofundá-las e, com isso, proporcionar ao professor da educação básica acesso a reflexões que fomentem sua prática docente. No que se refere à literatura, o documento aponta os desvios cometidos pelos PCN e PCNEM e busca aclarar as questões equivocadas apontadas nesses documentos.

Mediante a abordagem da literatura por meio da perspectiva da linguagem apresentada pelos PCNEM, as OCEM afirmam:

Embora concordemos com o fato de que a Literatura seja um modo discursivo entre vários (o jornalístico, o científico, o coloquial, etc.), o discurso literário decorre, diferentemente dos outros, de um modo de construção que vai além das elaborações linguísticas usuais, porque de todos os modos discursivos é o menos pragmático, o que menos visa a aplicações práticas. Uma de suas marcas é sua condição limítrofe, que outros denominam transgressão, que garante ao participante do jogo da leitura literária o exercício da liberdade, e que pode levar a limites extremos as possibilidades da língua (BRASIL, 2006, p. 49).

Nas OCEM, diferentemente dos documentos anteriormente analisados, há um capítulo destinado à literatura, denominado "Conhecimentos de Literatura", que aborda uma série de fatores relacionados aos desafios do ensino da arte literária na escola.

Inicialmente, o documento aponta para as mudanças sociais que resultaram no desprestígio da literatura. Afirma que o acelerado desenvolvimento tecnológico e a determinação do mercado e da mídia ocasionaram o enfraquecimento dos valores artísticos, configurando um tempo caracterizado pela cultura do sempre mais e mais rápido. Desse modo, a escola assumiu objetivos cada vez mais pragmáticos e a permanência da arte no currículo escolar passou a ser prejudicada. Entretanto, o documento acredita ser esse (o domínio do pragmatismo na vida moderna) o principal motivo para que a arte componha o currículo da escola. As OCEM expõem a literatura como fundamental para a formação do aluno. Discutem amplamente o "para que" a literatura na escola e a revestem de importância, descartando o discurso da primazia do saber científico e descortinando as múltiplas funções do texto literário, capazes de transformar o indivíduo.

O documento defende a literatura:

como meio de educação da sensibilidade; como meio de atingir um conhecimento tão importante quanto o científico – embora se faça por outros caminhos; como meio de pôr em questão (fazendo-se crítica, pois) o que parece ser ocorrência/ decorrência natural; como meio de transcender o simplesmente dado, mediante o gozo da liberdade que só a fruição estética permite; como meio de acesso a um conhecimento que objetivamente não se pode mensurar; como meio, sobretudo, de humanização do homem coisificado: esses são alguns dos papéis reservados às artes, de cuja apropriação todos têm direito (BRASIL, 2006, p. 52-53).

Entretanto, esse documento assume a dificuldade na execução de aulas de literatura que efetivamente permitam que esses objetivos sejam alcançados. O desafio é justamente formar o aluno como leitor literário, fazendo-o apropriar-se daquilo a que tem direito. As OCEM trazem, então, uma discussão a respeito dos desvios que o ensino de literatura tem sofrido e que inviabilizam essa formação do aluno como leitor literário e, portanto, crítico. Na escola, não raro, a abordagem da literatura é feita por meio de um estudo de épocas que sobrecarrega o aluno com informações de estilos e características de escolas literárias. A leitura da literatura (no sentido estrito) tem se tornado cada vez mais escassa no domínio escolar, "seja porque diluída em meio aos vários tipos de discurso ou de textos, seja porque tem sido substituída por resumos, compilações etc." (BRASIL, 2006, p. 55).

As OCEM ainda apresentam três tendências predominantes nas práticas escolares destinadas ao ensino de literatura. Essas tendências produzem um afastamento do aluno em relação à literatura, uma vez que inibem o contato direto do leitor com o texto literário. São elas:

Capítulo 8 As diretrizes dos Parâmetros Curriculares Nacionais (PCN) e dos documentos oficiais... **139**

- a substituição do texto literário por um texto considerado mais digerível;
- a simplificação da aprendizagem literária a um conjunto de informações externas às obras e aos textos;
- a substituição dos textos originais (literários) por simulacros (não literários), tais como paráfrases ou resumos.

Nessa perspectiva, o documento argumenta a favor de um ensino de literatura que conceda ao aluno a capacidade de apropriação dos textos literários, propiciando a experiência literária, alcançada unicamente com o contato efetivo com o texto. Segundo ele: "Só assim será possível experimentar a sensação de estranhamento que a elaboração peculiar do texto literário, pelo uso incomum de linguagem, consegue produzir no leitor, o qual, por sua vez, estimulado, contribui com sua própria visão de mundo para a fruição estética" (BRASIL, 2006, p. 55). Isso significa que, por meio da leitura integral da obra literária, é possível atingir o caráter "humanizador da Literatura, que antes os deslocamentos que a evitavam não permitiam atingir" (BRASIL, 2006, p. 65).

O aluno deve estar habilitado a fruir o texto, sendo que:

> *[...] a fruição de um texto literário diz respeito à apropriação que dele faz o leitor, concomitante à participação do mesmo leitor na construção dos significados desse mesmo texto. Quanto mais profundamente o receptor se apropriar do texto e a ele se entregar, mais rica será a experiência estética, isto é, quanto mais letrado literariamente o leitor, mais crítico, autônomo e humanizado será (BRASIL, 2006, p. 58).*

Mais adiante, o documento discute mais contidamente a especificidade do texto literário. Para tanto, apresenta dois posicionamentos distintos resultantes do deslocamento de foco no que se refere ao ensino de literatura:

> *[...] de um lado, o professor que só trabalha com autores indiscutivelmente canônicos, como Machado de Assis, por exemplo, utilizando-se de textos críticos também consagrados: caso do professor considerado autoritário, conservador, que aprendeu assim e assim devolve ao aluno; de outro lado, o professor que lança mão de todo e qualquer texto, de Fernando Pessoa a raps, passando pelos textos típicos da cultura de massa: caso do professor que se considera libertário (por desconstruir o cânone) e democrático (por deselitizar o produto cultural) (BRASIL, 2006, p. 56).*

O texto das OCEM argumenta que, embora a atitude democrática do segundo professor citado esteja carregada de boas intenções, pode resultar em uma postura desrespeitosa às manifestações populares, se ao selecioná-las não adotar o mesmo rigor crítico adotado para a cultura de elite. Acrescenta ainda que a ausência de critérios pode levar a uma tolerância exacerbada a produtos culturais que visam apenas ao mercado, e questiona a possível existência, por trás dessa atitude, de um preconceito em relação aos alunos, que seriam considerados incapazes de entender/fruir produtos de qualidade estética. Sendo assim, as OCEM ressaltam que, uma vez concluído o Ensino Fundamental, é desejável que os alunos do Ensino Médio estejam preparados para a leitura de textos literários complexos, sendo que esses textos podem ser trabalhados com outras manifestações culturais populares, como o *hip-hop*, o cordel, as letras de música etc., desde que selecionados mediante um valor estético, uma propensão à reflexão, e não por meio de uma aceitação irrestrita.

Para as OCEM:

> *Qualquer texto escrito, seja ele popular ou erudito, seja expressão de grupos majoritários ou de minorias, contenha denúncias ou reafirme o status quo, deve passar pelo mesmo crivo que se utiliza para os escritos canônicos: Há ou não intencionalidade artística? A realização correspondeu à intenção? Quais os recursos utilizados para tal? Qual seu significado histórico-social? Proporciona ele o estranhamento, o prazer estético? (BRASIL, 2006, p. 57).*

O documento não ignora que o estabelecimento de critérios para definir o valor estético não se constitui em uma tarefa simples, uma vez que "haverá, em alguns casos, uma boa margem de dúvida nos julgamentos, dúvida muitas vezes proveniente dos próprios critérios de aferição, que são mutáveis, por serem históricos" (BRASIL, 2006, p. 57). Entretanto, considera que em grande parte das vezes seja possível discernir entre o texto literário e o de consumo, "dada a recorrência, no último caso, de clichês, de estereótipos, do senso comum, sem trazer qualquer novo aporte" (BRASIL, 2006, p. 57).

Posteriormente, as orientações voltam-se, mais diretamente, para o professor. Ressaltam sua importância como o mediador entre aluno/leitor e obra literária e como leitor crítico capaz de "estabelecer suas próprias hipóteses de leitura" e, com isso, "abraçar as investidas mais livres de seus alunos" (BRASIL, 2006, p. 76). Para o documento, é forçoso que o professor se abra para as potencialidades da literatura e para uma abordagem menos escolarizada e mais voltada à leitura lenta do texto literário, ou seja, é preciso que esteja disposto a "imprimir à escola outro ritmo, diferente daquele da cultura de massa, frenético e efêmero, opondo a este o ritmo mais lento do devaneio e da reflexão" (BRASIL, 2006, p. 78).

PARA FINALIZAR

Diante do exposto, pode-se constatar que, entre os objetivos da educação básica, se encontra a formação da subjetividade do aluno, uma vez que a formação crítica e cidadã do indivíduo não é desgarrada da formação da sua sensibilidade. Para alcançar esse objetivo, a literatura possui papel de destaque. Nota-se ainda que os documentos oficiais destinados ao ensino, mesmo quando não apresentam uma discussão mais efetiva a respeito do tema, como é o caso dos PCN, reconhecem a importância da literatura na formação do aluno e recomendam uma abordagem efetiva dos textos literários no âmbito escolar, destacando o papel fundamental do professor como mediador entre o texto e o leitor e como responsável por proporcionar ao alunado a possibilidade da experiência estética por meio do contato com a arte literária.

REFERÊNCIAS BIBLIOGRÁFICAS

BRASIL. Ministério da Educação. Secretaria de Educação Básica. **Parâmetros Curriculares Nacionais:** primeiro e segundo ciclos do Ensino Fundamental (Língua Portuguesa). Brasília, 1997.

_____. Ministério da Educação. Secretaria de Educação Básica. **Parâmetros Curriculares Nacionais:** terceiro e quarto ciclos do Ensino Fundamental (Língua Portuguesa). Brasília, 1998.

_____. Ministério da Educação. Secretaria de Educação Básica. **Parâmetros Curriculares Nacionais:** Ensino Médio (Linguagens, Códigos e suas tecnologias). Brasília, 1999.

_____. Ministério da Educação. Secretaria de Educação Básica. **Orientações Educacionais Complementares aos Parâmetros Nacionais (PCN+):** Ensino Médio (Linguagens, Códigos e suas tecnologias). Brasília, 2002.

_____. Ministério da Educação. Secretária de Educação Básica. **Orientações Curriculares para o Ensino Médio** (Linguagens, Códigos e suas tecnologias). Brasília, 2006.

CANDIDO, A. O direito à literatura. In: _____. **Vários escritos**. São Paulo: Duas Cidades, 1995.

9

O livro didático de literatura para o Ensino Médio como recurso para o professor na formação da subjetividade do aluno: vantagens e limites

Vinícius Macedo Teodoro

9.1 A ATUAL SITUAÇÃO DA LITERATURA EM SALA DE AULA

O poeta João Cabral de Melo Neto abordou de forma especial o fazer poético em sua poesia. "Catar feijão" é um bom exemplo, pois nesse poema ele expõe semelhanças e diferenças entre a escolha dos feijões e das palavras. O eu lírico afirma: "joga-se os grãos na água do alguidar / e as palavras na da folha de papel" (MELO NETO, 1994, p. 190). As pedras encontradas no alguidar em meio aos grãos são descartadas e, caso alguma passe despercebida, há o risco de causar um acidente na digestão ou mastigação. Já no trabalho poético, o poeta escolhe justamente as palavras que vão colocar em risco a fácil compreensão de seu texto. Dessa forma, pode-se entender que a palavra como obstáculo no texto é vital para sua força literária. No poema citado, a palavra "água" é retomada anaforicamente pela preposição "da", que é a chave para descobrir a imagem poética implícita – "e as palavras na [água] da folha de papel" –, reconhecendo determinada lógica discursiva.

O fato é que, para muitas pessoas, essa pedra do texto é o estímulo necessário para encontrar prazer na busca do desconhecido, por mais obscuro que seja. Ao passo que para outras, a dificuldade imposta pela literatura reflete na digestão do signo estético literário. Na tentativa de transformar o que parece indigesto em uma brincadeira que estimula a cognição e a criatividade, o objetivo deste capítulo é levantar possibilidades mais adequadas para a escolarização da literatura. Questiona-se a clássica separação temporal das escolas literárias, sugerindo um trabalho diferenciado com os livros didáticos.

Muito já se discutiu sobre abordagens equivocadas nos livros didáticos de literatura, que são reproduzidas mecanicamente em sala de aula pelo professor. Se o objetivo da aula de literatura é oferecer contato, reconhecimento e apreciação da arte escrita, esse tempo é comumente perdido com leituras que se limitam à compreensão estanque e rasa de grandes obras de arte. Nesses casos, as próprias características dos textos, que o configuram como literário, são esquecidas em detrimento de questões meramente gramaticais.

Ivanda Martins, por exemplo, considera que "ensinar literatura não é apenas elencar uma série de textos ou atores e classificá-los num determinado período literário, mas sim revelar ao aluno o caráter atemporal, bem como a função simbólica e social da obra literária" (2003, p. 523). Martins também é a favor de privilegiar a estética literária sem excluir o contexto histórico do autor. É claro que fixar a atenção apenas no entendimento das palavras e nos jogos poéticos elaborados na produção do texto constitui outro engano. Ao fazer isso, o professor perde possibilidades de criação de significados. Porém, fica a pergunta: não seria uma boa opção relacionar as produções literárias a seus contextos históricos depois de já se conhecer o que é literatura?

> **Contextos históricos:** A inclusão do contexto histórico poderia ocorrer em uma aula específica para isso, antes ou depois da leitura do texto literário.

No entanto, culpar o professor que age somente apresentando a história literária aos alunos pelo fracasso de suas aulas seria um equívoco maior. Deve-se levar em conta a formação do docente, bem como sua estagnação profissional, muitas vezes cristalizada no uso cotidiano do livro didático. Considerando que são escassos os leitores de literatura no Brasil, realmente assíduos na leitura literária, menores ainda são os professores de Língua Portuguesa, formados em Letras, que realmente se embrenharam nas teorias que tentam compreender as especificidades dessa arte. Isso significa que problemas relacionados aos currículos formadores não só do ensino superior como também do ensino básico (Fundamental e Médio) já apresentam um panorama complicado da educação literária no Brasil.

No caso do livro didático, trata-se, no geral, de um recurso que visa atender à demanda de instrumentalizar os discentes para o Enem e outros concursos. Nessa perspectiva, é natural que a abordagem das coleções seja pragmática em relação a todos os conteúdos, incluindo a literatura. O problema é que a apresentação dos textos literários é segmentada em uma única perspectiva sincrônica, evidenciando muito mais um estudo da história da arte do que da arte em si. Ordenar a evolução da técnica literária ao longo do tempo não parece muito eficaz se o objetivo é motivar o hábito de leitura. Antes seria necessário apresentar a arte, em uma seleção diacrônica rigorosa, e sistematizá-la como tal.

Analisando esse quadro, surgem dois problemas: (1) profissionais com lacunas em sua formação, sem a estrutura e o tempo adequados para a docência do que deveria ser a *disciplina literatura*; (2) materiais didáticos que não privilegiam o que realmente importa em todo e qualquer texto poético, sua estética. A estética é fator necessário para considerar determinado texto uma obra literária. A teoria literária se ocupa em tentar definir esse conceito por meio de várias correntes, por isso se faz necessário que o professor procure a devida capacitação na área.

Há também de se encontrar pontos positivos nos complicadores apresentados. Por ser graduado em Letras, o professor é aquele que teve mais contato profissional com a literatura e suas teorias. Desse modo, é possuidor de certa familiaridade com os signos estéticos, é capaz de reconhecê-los e expressar criticamente seu entendimento. Os livros didáticos – adequados ou não à função de formar leitores – são boas fontes literárias, senão as únicas disponíveis na casa do estudante (apesar de não serem, de fato, obras de arte literária).

> **Capacitação na área:** A escolarização da literatura inclui não só a fruição e o entendimento do texto como também a elaboração de argumentos capazes de embasar uma interpretação.

Então, se o profissional da língua portuguesa, mesmo assim, não se sente habilitado para o exercício do ensino da literatura, apresenta-se aqui outro objetivo deste capítulo que é o de oferecer incentivos para que esse profissional em exercício de docência se volte para uma capacitação em literatura, buscando formações continuadas, como grupos de estudos e pós-graduações específicas, estabelecidas em centros de pesquisa e/ou em universidades reconhecidas no país. Neste capítulo, é apontada e discutida uma abordagem muito difundida nas coleções didáticas de língua portuguesa, porém pouco eficiente para o processo de escolarização da literatura. Utilizando os próprios textos veiculados na coleção, o professor pode elaborar inúmeras situações de leitura capazes de despertar a autonomia do sujeito. Atingir esse objetivo depende muito de quebrar a sequência histórica das tendências literárias ao longo dos séculos – o que, deve-se ressaltar, se configura um estudo de história da literatura, e não do objeto literário.

Questionados esses pontos, surge a necessidade de analisar a forma de trabalho com a literatura de uma das coleções didáticas mais adotadas no Brasil, apontando seus limites e suas vantagens. Além disso, pretende-se expor algumas propostas de ação em sala de aula na tentativa de estimular o hábito de leitura literária dos estudantes. É importante frisar que este capítulo, mais que tentar definir o objeto literário (tarefa árdua da teoria da literatura), pretende principalmente elucidar algumas questões, consideradas básicas, sobre a escolarização da linguagem verbal artística. Apesar de se voltar para os três anos do Ensino Médio, as questões aqui levantadas também podem ser adaptadas e praticadas no Ensino Fundamental.

9.2 REFLEXÕES SOBRE A ABORDAGEM DA ARTE LITERÁRIA NO LIVRO DIDÁTICO

A coleção selecionada para este trabalho é *Português linguagens*, de William Roberto Cereja e Thereza Cochar Magalhães (2010). A escolha se justifica pelo extenso uso dessa obra no Brasil. *Português linguagens* para o Ensino Médio é uma coleção composta de três volumes, um para cada ano de curso. Nessa obra de Cereja e Magalhães, o estudo de literatura divide espaço com outros conteúdos dentro das unidades (produção de texto, semântica e gramática). Há uma separação bem definida entre os capítulos destinados à literatura e aos demais conteúdos, que se alternam. Os três volumes da coleção apresentam a literatura em uma didática sincrônica, estabelecendo as escolas literárias como critério para a sistematização histórica. Os primeiros capítulos do primeiro volume informam aos estudantes conceitos literários importantes, com as referências explícitas. Resumindo e discutindo os capítulos introdutórios, a coleção aponta teorias e autores fundamentais para o estudo da literatura.

A primeira unidade é aberta com uma breve sessão intitulada "Linguagem e literatura" e deixa clara a ideia de que a arte literária se configura como um tipo de linguagem artística, cujo material é a própria palavra. Afirma ainda que "conhecê-la equivale a compreender um pouco de nossa história e de nossa condição humana" (CEREJA; MAGALHÃES, 2010, p. 18). Essa concepção adotada por Cereja e Magalhães se aproxima da justificativa de Antonio Candido, para quem a literatura é instrumento importante de educação, que pode ser usada intencionalmente para o inculcamento de determinados valores. Por atuar no subconsciente e no inconsciente do indivíduo, aliada ao trabalho de linguagem que lhe é intrínseco, a literatura é capaz de "confirmar o homem na sua humanidade" (CANDIDO, 2004, p. 22). Ou seja, se o que separa o homem de outros animais é a linguagem oral, então a literatura – trabalho artístico consciente sobre a capacidade natural de se exprimir por palavras – é a confirmação do domínio humano sobre sua natureza (a fala) e sobre sua tecnologia (a escrita).

O poema "Razão de ser", de Paulo Leminski, apresentado nessa sessão do livro didático, é sugestivo para expressar tal necessidade humana. O fazer literário é sua grande questão, embora esteja encoberto por outros elementos citados na poesia – como os costumes do eu lírico ("Escrevo porque preciso, / preciso porque estou tonto."), os ciclos da natureza ("Escrevo porque amanhece") e os instintos animais comparados ao dele próprio ("A aranha tece teias. / O peixe beija e morde o que vê. / Eu escrevo apenas. / Tem que ter por quê?"). O título "Razão de ser" sugere não apenas a razão de ser poeta como também a razão de ser humano. Os primeiros versos dão um tom de simplicidade ao momento poético do sujeito. No entanto, a simples vivência do ciclo cotidiano de amanhecer e adormecer com o poema é motivo suficiente para se registrar alguma essência no papel. Por fim, até mesmo as estrelas remetem às letras, segundo a impressão desse sujeito poético. Pode-se concluir, então, que o poema de Leminski centraliza suas atenções na necessidade vital de escrever artisticamente. Tudo ao redor é motivo para o trabalho literário.

Se no poema de João Cabral de Melo Neto ficou entendido que a escolha pela dificuldade é vital para a literatura, então é possível apontar o prazer pelo desbravamento dessa dificuldade como ponto crucial para o desenvolvimento da subjetividade do aprendiz. Tal passo é fundamental para a formação do cidadão crítico, consciente de sua realidade e capaz de encontrar soluções criativas para os problemas que tem de enfrentar.

Os versos de Melo Neto e Leminski se aproximam, de certa maneira, da metáfora usada por Rubem Alves em seu livro *Lições de feitiçaria*, que compara o trabalho da aranha com sua teia e o trabalho do poeta com as palavras. Alves também procura explicar sobre a necessidade humana de se aventurar no mundo do trabalho artístico verbal, assim como a aranha se aventura em um espaço desconhecido:

> *Sua teia é coisa frágil, feita com fios quase invisíveis. E, no entanto, é perfeita, simétrica, bela, perfeitamente adequada a*

148 Literatura e subjetividade

seu propósito. [...] Imagino aquela criaturinha quase invisível, patas coladas à parede. Ela vê as outras paredes, tão distantes, e mede os espaços vazios... E só pode contar com uma coisa para o trabalho incrível que está para ser iniciado: um fio, ainda escondido dentro de seu corpo. E então, repentinamente, um salto sobre o abismo, e um universo começa a ser criado...
(ALVES, 2003, p. 21).

A aranha, que tece "fios quase invisíveis", e o peixe, "que beija e morde o que vê", agem exatamente de acordo com seus instintos. Tais ações são trabalhadas pelo poeta, que tem a necessidade, e uma capacidade exclusiva, de externalizar sua imaginação por meio das palavras. Ele brinca com sons e formas, formando sentidos nos níveis semânticos, sintáticos, visuais e sonoros. Assim produz literatura – fornecendo a seu leitor um passeio pelos sentidos implícitos no texto. Durante o processo de criação, tanto a aranha quanto o poeta tecem mundos novos a partir do que se conhece em busca do desconhecido. Rubens Alves, por sua vez, compara a criação literária à criação de um novo mundo – uma palavra fundadora e fez-se a luz! E conclui: "A primeira palavra que se diz é um pulo no abismo, um pulo a partir de um abismo (pois a alma não é um abismo?)" (ALVES, 2003, p. 22). Essa metáfora é suficiente para se discutir o mito de que a poesia seria muito difícil, portanto, inacessível ao público não iniciado. Esse mito, abordado por Ivanda Martins, ocorre, entre outros motivos, por conta da escolha excessiva de obras que "apresentam uma linguagem pertencente a contextos espaçotemporais distantes da realidade do aluno" (MARTINS, 2007, p. 92). Isso não significa que esses textos devem ser abolidos, mas sim diluídos entre outros que apresentam vocabulário mais próximo da realidade linguística do corpo discente.

O questionamento do verso final do poema de Leminski parece fazer menção a outro mito: de que há alguma razão exterior às palavras para que o poeta possa escrever uma poesia – quando, na verdade, a literatura depende também, e principalmente, de certa técnica para ser considerada como tal. O crítico e teórico literário Marcos Siscar, no capítulo "O grande deserto de homens", do livro *Poesia e crise*, aponta para o que seria essa técnica. Além de entendê-la como procedimentos propositais do poeta, o autor a considera como instrumento utilizado para situar e demarcar-se "como coisa do mundo, estabelecendo modos de fazer parte deste mundo" (SISCAR, 2010, p. 62). Nesse sentido, determinado trabalho com a língua é o que constitui a literatura como discurso artístico e cultural – uma natureza humana (a oralidade), sua tecnologia (a escrita) e seus usos artísticos (literatura oral e escrita).

Conclui-se, nessa perspectiva, que a leitura literária é importante para todo e qualquer indivíduo por propiciar sempre uma experiência de alteridade. Antônio Candido considera a arte, além de fator humanizador, algo equivalente às "formas conscientes de inculcamento intencional, como a educação familiar, grupal ou escolar" (2004, p. 175). Acrescente-se a isso a importância da linguagem estética, que instiga a sensibilidade do leitor e ajuda na formação de sua subjetividade.

O texto introdutório do primeiro capítulo da coleção *Português linguagens*, "O que é literatura", afirma que a palavra é usada para, além de comunicar e interagir, provocar emoções e produzir efeitos estéticos literários. Acrescenta ainda que estudar essa arte significa apropriar-se dos conceitos que envolvem a literatura e "deixar o espírito leve e solto, pronto para saltos, voos e decolagens" (CEREJA; MAGALHÃES, 2010, p. 18). Isto é, a concepção de literatura adotada pelos autores parece estar plenamente de acordo com as teorias aqui apontadas. Esse capítulo procura também introduzir noções sobre qual seria a função da literatura. Um dos conceitos abordados é o do formalista russo Chklovski, para quem o papel da literatura é provocar um *estranhamento* no leitor frente ao real. Estranhar o mundo seria necessário para "dar a sensação do objeto como visão e não como reconhecimento" (CHKLOVSKI, 1978, p. 45). Isso significa que o leitor literário tem o privilégio de ver o mundo por um ponto de vista totalmente novo. Em vez de apenas reconhecer a realidade, a experiência literária seria a oportunidade de conhecer uma nova possibilidade para o real. A literatura teria a capacidade, então, de tirar o leitor da sua zona de conforto para confrontá-lo com o desconhecido.

> **Desconhecido:** A literatura, como expressão subjetiva, sempre apresenta uma possibilidade nova para o real, não sendo possível seu reconhecimento direto. Por isso, trata-se de um saber abstrato, ainda muito desvalorizado pela cultura tecnicista.

Para Bakhtin (1979), cujos pensamentos sintonizam com as teorias de Chklovski, a literatura possui a função de comunicação, porém é capaz de influenciar e ser influenciada pelo público diretamente. O livro didático explica que, estando o leitor deslocado do tempo de produção da obra, ele recria e atualiza seus sentidos de acordo com sua experiência de vida e referências artísticas e culturais de seu tempo. E ainda considera a situação do escritor, que é influenciado pelo público-alvo no momento de criação, já que se inspira em temas, valores e tipo de linguagem usada.

Por fim, a ideia de que a literatura tem como função a humanização do homem é um pouco mais aprofundada que os demais conceitos. Em um espaço de duas páginas, onde há alguns trechos de críticos literários respeitáveis, uma das citações é do texto "A literatura e a formação do homem", de Antônio Candido. Nesse excerto, o autor faz considerações sobre a função psicológica da literatura. Para ele, a ficção e a fantasia são necessidades universais, pois aparecem "ao lado da satisfação das necessidades mais elementares" (1972, apud CEREJA; MAGALHÃES, 2010, p. 22), mesmo para não letrados ou até analfabetos. Candido justifica o interesse do homem pela função psicológica da literatura ao considerar como tal anedotas, trocadilhos e chistes; produções mitológicas, cantos folclóricos e lendas, por exemplo; e até os níveis mais complexos, divulgados por livros, revistas, folhetos e jornais especializados ou populares (novela, cinema e quadrinho). Nessa perspectiva, a literatura, vista muitas vezes como difícil, seria, portanto, uma das modalidades mais ricas para satisfazer a necessidade de consumir o ficcional e ser mais influente na psicologia do indivíduo.

Para entender o que seria o signo verbal artístico, faz-se necessário recorrer à semiótica de Peirce. Para ele, todo o entendimento humano se enquadra em três categorias. Santaella (1983) explica que as categorias do pensamento são: a primeiridade, a secundidade e a terceiridade. A primeira categoria do pensamento seria um momento de pura sensação do indivíduo em contato com qualquer fenômeno desconhecido, ainda destituído de linguagem. Caracteriza-se pela fugacidade em razão da inexorável passagem do tempo e da identificação automática do fenômeno. Assim, toda primeira sensação é logo substituída pela segunda categoria. A secundidade seria a existência do fenômeno em si, reconhecido e devidamente nominado. Relacionado com a primeira sensação, todo fenômeno entraria para a terceira categoria. A terceiridade, então resultado dessa relação, seria a interpretação gerada pelo indivíduo.

Considerando o texto poético como fenômeno e a leitura deste como experiência, que é automaticamente passada pelo filtro da interpretação, pode-se inferir que a dificuldade de entendimento possa ser, de certa forma, um prolongamento da primeiridade. O reconhecimento das palavras, em si, já é um segundo momento. No entanto, o jogo de combinação entre sentidos e sons dessas palavras, o fundo e a forma da obra, é interpretado pelo leitor que forma signos. Enquanto não interpretados, esses signos ainda são apenas sensações de primeiridade. Dessa forma, o prazer pela estética literária pode ser explicado quando a dificuldade é provocada pelo estranhamento diante do texto poético e entendida como pura sensação. Leituras dramáticas, apenas para audição, podem ser boas opções para prolongar o momento da primeiridade, que é causado justamente pela dificuldade de apreensão. Aos poucos, com entonações diferentes para o mesmo texto, os sentidos vão surgindo, mas fica sempre um não entendimento qualquer, uma impressão que não se tem ciência. Mesmo após o contato direto, com muito empenho na leitura, sempre há a possibilidade de se acrescentar mais interpretações ao texto literário.

Décio Pignatari afirma que "o signo literário é o signo verbal sensível" (PIGNATARI, 2004, p. 13), pois o leitor dá à palavra poética sempre um sentido diferente do objeto diretamente referenciado no texto – e, por isso, está sempre sob suspeita. Literatura é a linguagem que está além da lógica da comunicação clara e objetiva. Por isso, o signo literário está sob suspeita: seus sentidos estão disfarçados entre a semântica, a sonoridade (que inclui os silêncios) e o desenho feito pela própria escritura no papel (que inclui os espaços vazios).

Percebe-se, afinal, que a introdução da coleção didática analisada partilha de teorias da literatura atualizadas e bem elucidadas. A partir dessas considerações, questiona-se: até que ponto o modelo de estudo sincrônico da literatura, adotado nessa coleção, privilegia a formação da subjetividade do estudante? Sabe-se que o perfil das provas de vestibular é o grande aliciador das tendências didáticas dos livros. Por isso, esperar uma mudança nessa didática sincrônica é estagnar-se no tempo. O professor deve ir além do livro, subverter a ordem, munido de teoria e poesia.

9.3 POSSIBILIDADES DE TRABALHO

O primeiro capítulo do livro didático, dedicado à conceituação de literatura, aborda também os "estilos de época" e os diálogos na tradição literária, tentando introduzir a ideia de como a literatura se adapta e se supera nas esferas individuais, sociais e históricas. Para finalizar, deixa claro que o estudo da literatura é sincrônico, passando pelas escolas e seus principais autores, dentro de seus respectivos contextos.

Nessa perspectiva, o primeiro ano do Ensino Médio, logicamente, abre seus estudos buscando o que seria a origem da literatura brasileira, partindo da literatura medieval portuguesa da Idade Média, passando pelo Classicismo, até chegar às primeiras obras produzidas em terra brasileira. Nesse caminho, cita-se o teatro de Gil Vicente, as cantigas trovadorescas e um trecho da *Carta de Caminha*. Para finalizar, a unidade ainda traz alguns

152 Literatura e subjetividade

Linguagens mais próximas das realidades linguísticas dos estudantes: Seria mesmo eficaz iniciar os estudos literários no Ensino Médio com uma linguagem tão distante do leitor aprendiz? A estética literária definitivamente não se reduz ao vocabulário rebuscado, elitizado. A poesia de Manoel de Barros é um bom exemplo de como palavras simples podem compor poesias de alto nível estético.

diálogos possíveis dessa produção literária com canções populares, quadrinhos e artes plásticas. No entanto, os textos do capítulo em questão apresentam realidades linguísticas muito distantes do vocabulário dos estudantes, principalmente de escolas públicas de periferias. Apesar de realmente constituir-se em uma oportunidade de aprendizagem vocabular, o contato excessivo com o desconhecido tende ao desinteresse. Por essa razão, a didática (que não pode ser confundida com facilitação) pode ser feita também com textos poéticos contemporâneos, com linguagens mais próximas das realidades linguísticas dos estudantes, privilegiando um estudo mais diacrônico da literatura.

A intervenção sugerida nesse capítulo, ao professor que pretende privilegiar a estética literária (como forma de fisgar o interesse dos jovens pela leitura), é mesclar as práticas com os próprios conceitos colocados pelo livro didático, como se o conhecimento do autor sobre a estética fosse o truque para a elaboração do trabalho artístico, ou seja, selecionar textos de um mesmo tema para estudo do objeto literário. Para começo de conversa, por que não eleger textos metalinguísticos, buscando definições poéticas sobre o que seria a linguagem poética? Trata-se de uma brincadeira que exercita o conceito de estranhamento, por exemplo, selecionando textos de escolas e épocas distintas (privilegiando as contemporâneas, de várias tendências). Ao aprender a considerar as diferenças de fundo e forma de cada obra apresentada, o estudante pode ser levado a concluir como é variada a técnica literária e como um tema pode ser abordado tão amplamente (deixando o aprofundamento do contexto histórico de cada tendência para outra oportunidade).

Se o importante nesse momento é formar leitores assíduos, a cronologia e o contexto social, político e cultural podem muito bem ficar em segundo plano. Isso não significa que esses fatores devam ser abolidos, já que influenciam diretamente na interpretação do texto. Dessa forma, a abordagem diacrônica é vantajosa para alcançar o objetivo de transformar o grão indigesto no tempero da aula. Isso permite que os conceitos literários sejam expostos, avaliados e apreciados da forma mais ampla possível. Depois desse contato estabelecido, os detalhes do contexto de produção podem (e devem) ser levantados para enriquecer a leitura, mas nunca colocados em primeiro plano para justificar uma aula de literatura.

Outro problema sobre a escolarização da literatura foi abordado por Sorrenti, que combate a abordagem somente sobre as

Capítulo 9 O livro didático de literatura para o Ensino Médio como recurso para o professor... 153

técnicas de versificação. A autora defende a abolição das técnicas literárias nos anos iniciais (até o quinto ano) e aponta para a possibilidade de o professor citar algumas noções para apoio e ampliação dos recursos literários. Sorrenti entende que essas "noções podem ser adaptadas e/ou digeridas de forma leve, sem forçar nem exigir memorização, isto é, [os professores] podem transitar livremente, à medida que a curiosidade dos alunos se manifestar" (2007, p. 58).

Certamente, o trabalho com o Ensino Médio também não deve ter o peso teórico que o professor tem por obrigação conhecer. No entanto, a colocação da literatura em uma perspectiva histórica, limitando as interpretações a conceitos artísticos de cada época, não parece nem um pouco eficaz na pretensão da coleção didática de "compreender um pouco [...] de nossa condição humana" (CEREJA; MAGALHÃES, 2010, p. 16). Uma compreensão adequada da literatura estaria situada muito mais na construção de sentidos, que nada mais é que exercitar a subjetividade. Levantar as possibilidades de leitura, compará-las e perceber a riqueza do trabalho artístico são tarefas fundamentais para que o aprendiz saiba avaliar o grau estético de sua leitura.

Verbalizar os entendimentos sobre os textos lidos e confrontá-los, em discussões organizadas, pode ser um ponto de partida interessante. Organizados em roda, tomando nota das conclusões, o professor orientaria o desenvolvimento das interpretações. Os tradicionais questionários, em vez de partirem do ponto de vista de um leitor mais experiente (o professor ou o autor do livro didático), seriam elaborados a partir dos comentários levantados. Teriam o objetivo de confirmar o raciocínio e expandi-lo, buscando significados implícitos.

Para isso, aulas que enfatizem a leitura dramatizada (com teatro ou música, inclusive), de preferência com participação do professor, contribuem para essa digestão. Seja com acompanhamento de cópias do texto, seja apenas ouvindo, os estudantes ganham a oportunidade de observar de fato como os recursos sonoros (ritmo e melodia, principalmente) enfatizam sentidos não observados na leitura silenciosa ou branca (não dramatizada). Somente com a fruição da estética mais apurada, sem medo da dificuldade, é possível que o leitor se alimente do signo literário. Ao encontrar prazer na leitura literária, as dificuldades (inerentes à arte) finalmente podem ser enfrentadas sem o medo que encerra a busca pelo conhecimento. Durante as primeiras atividades, as leituras silenciosas podem ser feitas posteriormente – tarefa importante para internalizar os significados apreendidos e sistematizados.

Nesse sentido, o professor pode comparar as tendências literárias seguindo grandes autores nacionais e estrangeiros. Uma possibilidade de trabalho diacrônico com o livro didático em questão seria selecionar determinados textos dos três volumes da coleção. O poema mencionado na introdução do capítulo, "Catar feijão", encontra-se no terceiro volume de Cereja e Magalhães. Após algumas leituras, e levantadas as primeiras impressões, a poesia de Melo Neto pode ser confrontada com o poema de Oswald de Andrade, "Bucólica", presente no sexto capítulo do mesmo volume.

Autor: Mesmo sendo característica do movimento modernista, é bem possível perceber o bucolismo às avessas na poesia de Oswald de Andrade, sem necessidade de se conhecer as intenções da escola. A construção de imagens absurdas como essa são um dos trabalhos do poeta para o qual professores devem estar atentos para apresentar adequadamente aos alunos.

Para quem conhece as intenções do modernismo brasileiro, lançado na Semana de Arte Moderna de 1922, fica fácil perceber a ironia com que a linguagem parnasiana é tratada. O eu lírico convida o leitor a percorrer um pomar antigo, que pode ser entendido como a própria escola criticada. A imagem descrita está longe de ser bucólica, agradável. A natureza é insólita – "tetas verdes entre folhas" – e hostil – "e uma passarinhada nos vaia / num tamarindo / que decola para o anil". Esses versos são obscuros demais para o poeta e leitor parnasiano, que prezavam o objetivismo e o racionalismo. Não é necessário que o professor leve a turma a um entendimento tão complexo. O mais importante é orientá-los à percepção da forte carga de fantasia criada pelo autor.

O poema de Olavo Bilac, "Profissão de fé", é apresentado na íntegra, dentro do capítulo destinado ao Parnasianismo, no segundo volume da coleção de Cereja e Magalhães. Aqui vão apenas as duas primeiras estrofes para facilitar a compreensão dos comentários:

Profissão de fé

Invejo o ourives quando escrevo:

Imito o amor

Com que ele, em ouro, o alto-relevo

Faz de uma flor.

Imito-o. E, pois nem de Carrara

A pedra firo:

O alvo cristal, a pedra rara,

O ônix prefiro.

[...]

(BILAC apud CEREJA; MAGALHÃES, 2010, p. 251)

O sujeito poético de Bilac parece querer se aproximar da linguagem utilitária com a poesia. As imagens bem explícitas pelo poeta podem ser contrapostas ao poema de Oswald Andrade, que se afasta do objeto temático em "Bucólica". Dessa forma, o professor pode estabelecer diferenças de tratamento do real pela literatura, explicando aquilo que provoca o estranhamento do leitor. Retomando o poema de João Cabral de Melo Neto, o professor pode ampliar essa discussão e, ainda, chamar a atenção para a forma como o fazer literário é percebido pelos autores citados. Para Melo Neto, a dificuldade é o que dá vida para a poesia, é a pedra no alimento. E, por outro lado, a ferida aberta na pedra de Carrara é tudo o que Bilac renega. O poema de Oswald de Andrade, por sua vez, não se compromete com a beleza como Bilac nem mesmo com a lógica discursiva como Melo Neto. "Bucólica" quebra essa tradição do belo e ainda subverte a lógica discursiva de tal modo que amplia o universo de fantasia da criação literária. Fantasia que é retomada no poema "Razão de ser", de Paulo Leminski – cujo eu lírico parece viver com a arte poética dentro de si.

Logicamente, apenas o livro didático não é suficiente para estimular o hábito de leitura a ponto de propiciar inferências como essas. O leitor em formação carece de contato com o livro literário, que pode ser de poemas, de romance, de contos, de crônicas ou teatral. O que se propõe, enfim, é apresentar textos que dialoguem de acordo com suas temáticas, por exemplo, para evidenciar diversos pontos de vistas. Entretanto, seja qual for o critério de seleção, o professor deve sempre proporcionar formas diferentes de recepção do objeto artístico.

PARA FINALIZAR

Se o objetivo principal das aulas de literatura é "fazer o aluno gostar de ler", tal expressão pode ser entendida como capacitar o estudante a identificar a riqueza da arte literária. Saber associar o conteúdo de uma obra com a forma trabalhada pelo autor é o alicerce para a construção desse quase mitológico "gosto" pela leitura.

Assim, pode-se avaliar a formação do leitor por sua capacidade de reconhecer a linguagem literária e sistematizar seu entendimento, de acordo com seu conhecimento de mundo. A qualidade dessa formação pode ser medida pelo grau de complexidade e organização das interpretações apresentadas. Despertar o interesse em literatura depende, necessariamente, de apreciação e sistematização do signo estético literário em sala de aula. É fundamental que o professor consiga quebrar a atual abordagem dos livros didáticos e apresentar a literatura como arte, não como história da arte nem como modelo gramatical.

A tendência adotada pela coleção *Português linguagens*, de estudar sincronicamente a literatura, talvez fosse mais interessante apenas no terceiro ano. Apontar, comparar e confrontar conceitos básicos de cada tendência, separadamente, pode ser interessante para evidenciar a evolução dos ideais sobre literatura, bem como as influências dos autores do passado sobre a produção atual. O método usado por Cereja e Magalhães pode não ser o mais adequado para a formação de um público literário e, de fato, não é bem aproveitado quando o público ainda não possui nenhuma noção mais consistente do que é literatura. A coleção permite um bom trabalho, mas são necessárias intervenções do professor, inclusive no que se refere à ordem de aplicação dos volumes, para quebrar a cronologia das escolas literárias.

REFERÊNCIAS BIBLIOGRÁFICAS

ALVES, Rubem. **Lições de feitiçaria:** meditações sobre a poesia. São Paulo: Loyola, 2003.

BAKHTIN, Mikhail. **Marxismo e filosofia da linguagem**. São Paulo: Hucitec, 1979.

CANDIDO, Antonio. O direito à literatura. In: _____. **Vários escritos**. São Paulo: Duas Cidades; Rio de Janeiro: Ouro sobre Azul, 2004.

CEREJA, William Roberto; MAGALHÃES, Thereza Cochar. **Português linguagens:** literatura, produção de texto, gramática. 7. ed. São Paulo: Saraiva, 2010. v. 3.

CHKLOVSKI, Viktor. A arte como procedimento. In: EIKHEN-BAUM, Boris et al. **Teoria da literatura:** formalistas russos. 4. ed. Porto Alegre: Globo, 1978.

MARTINS, Ivanda. A literatura no Ensino Médio: quais os desafios do professor? In: BUNZEN, Clecio; MENDONÇA, Márcia. **Português no Ensino Médio e formação do professor**. São Paulo: Parábola, 2007.

_____. **Literatura em sala de aula:** da teoria literária à prática escolar. Disponível em: <http://www.pgletras.com.br/Anais-30-Anos/Docs/Artigos/5.%20Melhores%20teses%20e%20disserta%C3%A7%C3%B5es/5.2_Ivanda.pdf>. Acesso em: 18 out. 2015.

MELO NETO, João Cabral de. **Os melhores poemas de João Cabral de Melo Neto**. São Paulo: Globo Editora, 1994.

PIGNATARI, Décio. **Semiótica e literatura**. 6. ed. São Paulo: Ateliê Editorial, 2004.

SANTAELLA, Lúcia. **O que é semiótica**. São Paulo: Editora Brasiliense, 1983.

SORRENTI, Neusa. **A poesia vai à escola:** reflexões, comentários e dicas de atividades. Belo Horizonte: Autêntica, 2007.

SISCAR, Marcos. O túnel, o poeta e seu palácio de vidro. In: _____. **Poesia e crise:** heranças da crise. Campinas: Ed. da Unicamp, 2010.

10

A inclusão das culturas africana e indígena nas aulas de literatura: como fazer isso na perspectiva de um estudo estético do texto literário para a formação do sujeito?

Isabel Cristina Rodrigues Ferreira

É assim que tem lugar na escola o novo e o velho, o trivial e o estético, o simples e o complexo e toda a miríade de textos que faz da leitura literária uma atividade de prazer e conhecimento singulares.

(Rildo Cosson)

Observa-se que as aulas de literatura ainda não conseguem fazer da leitura uma atividade prazerosa e um estudo estético que promova a formação do sujeito. Soma-se a esse desafio, incluir as culturas africana e indígena e propor atividades que respondam a esses questionamentos, proporcionem alternativas para os professores do ensino básico brasileiro, combatam a discriminação étnica e o preconceito e valorizem a diversidade e a riqueza da cultura brasileira.

Este capítulo, em um primeiro momento, apresenta as leis que exigem a inclusão das culturas afro-brasileira e indígena nas escolas. Em seguida, traça-se um pequeno panorama do desenvolvimento das literaturas desses dois grupos étnicos. Depois, faz-se a apresentação de algumas considerações sobre a literatura na escola, ou seja, seu lugar periférico. Finalmente, toma-se três textos literários (dois para abordar a temática afro-brasileira e um que trata da indígena) como exemplos para desenvolver um trabalho na sala de aula, com o objetivo de abrir espaço para discussões que levem à formação de sujeitos, de leitores críticos.

10.1 CULTURAS AFRO-BRASILEIRA E INDÍGENA: IMPLICAÇÕES ESCOLARES

A inserção da temática das culturas afro-brasileira e indígena no ensino básico faz-se necessária para atender à Lei nº

11.645/08-MEC, que altera a Lei nº 9.394/96-MEC, modificada pela Lei nº 10.639/03-MEC, que estabelece esse tema como obrigatório no currículo oficial da rede pública e privada de Ensino Fundamental e Médio. De acordo com a lei, o segundo parágrafo do artigo 26-A diz que: "Os conteúdos referentes à história e cultura afro-brasileira e dos povos indígenas brasileiros serão ministrados no âmbito de todo o currículo escolar, em especial nas áreas de educação artística e de literatura e história brasileiras" (BRASIL, 2008).

Como prevê a lei, esses conteúdos, que não devem estar restritos a áreas específicas como literatura, precisam ser trabalhados de maneira transversal no ensino básico, e não superficial, pontual ou marginalmente. Tal exigência leva a outras reflexões: como esperar que um professor que não estudou nem lecionou, durante seu processo de formação profissional, disciplinas voltadas para essa área consiga propor atividades transversais e reflexivas para seus estudantes? Como trabalhar essa temática de maneira apropriada e eficiente se ainda há tão pouco sobre ela nos livros didáticos? Outro fator que afeta as aulas de literatura de maneira geral diz respeito aos textos canônicos, considerados de difícil compreensão por alguns: devem ser eles substituídos por outros contemporâneos para atrair a atenção dos alunos? A questão é a abordagem usada pelo professor?

Além da exigência da lei, essa temática faz-se importante por proporcionar discussões que contribuem com a formação do sujeito sob uma perspectiva diferente: a da constituição do povo e da cultura brasileiros. Sendo assim, como negar a importância de qualquer uma das bases étnicas (branca, negra e indígena) para a identidade cultural do Brasil? Em outras palavras, "É verdade que reconhecemos a presença do índio e do africano em nossa formação, mas quando contamos a nossa história, ficam eles esmaecidos ou ausentes, dada a magnitude do branco" (GUSMÃO, 2000, p. 11). Os movimentos negros de várias regiões do Brasil, ao refletir sobre esse problema e suas implicações, observam o "quanto é alienante a experiência de fingir ser o que não é para ser reconhecido, de quão dolorosa pode ser a experiência de deixar-se assimilar por uma visão de mundo que pretende impor-se como superior e, por isso, universal e que os obriga a negarem a tradição do seu povo" (BRASIL, 2004, p. 14).

Soma-se a esse fator o mito da democracia racial que camufla preconceitos e cria uma falsa ideia de convivência harmônica das três etnias no Brasil. Segundo Souza, "Gilberto [Freyre] teria sido

Movimentos negros: Os movimentos negros lutam contra os preconceitos e a marginalização, com o objetivo de resgatar a memória de um povo que batalhou por sua liberdade e combater a discriminação racial. A mobilização do povo negro começou antes mesmo da abolição da escravatura com algumas revoltas negras, mas era clandestina. Após a abolição, surgiram alguns movimentos importantes, incluindo a Frente Negra Brasileira (1930), o Teatro Experimental Negro (1945) e o Movimento Negro Unificado (1977).

o criador do conceito de 'democracia racial', o qual agiu como principal impedimento da possibilidade de construção de uma consciência racial por parte dos negros" (2000, p. 136). Diante dessa negação, os movimentos negros e indígenas reivindicam uma sociedade mais justa e igualitária. Com o objetivo de valorizar a diversidade e a riqueza culturais do país, assim como conscientizar a população sobre a importância de se combater a discriminação étnica e o preconceito existentes, principalmente das culturas africana e indígena, visa-se propor formas de abordar essas questões e outras tantas por meio de textos literários contemporâneos de diversos gêneros em sala de aula.

A importância do ensino da literatura para a formação do sujeito social e ético pode englobar vários tipos de atividades curriculares ou extracurriculares. De acordo com Baptista, "A literatura é uma estratégia que juntamente a outras poderá contribuir para com a autonomia intelectual de uma pessoa, emancipá-la. Também poderá contribuir para com um mundo mais humanizado" (s.d., n.p.). Para tanto, a prática exige um referencial teórico-metodológico para que os estudantes possam estabelecer uma relação entre o texto e o leitor e perceber a intertextualidade, o ponto de vista do autor, a origem do texto, a contextualização sócio-histórica e política, além de outros elementos, como afirmam alguns teóricos como Cosson (2006), Soares (2007) e Orlandi (2006).

10.2 LITERATURAS AFRO-BRASILEIRA E INDÍGENA

A literatura afro-brasileira e a indígena tiveram início muito antes de serem transcritas ou escritas, pois têm fortes raízes em tradições orais e na diversidade desses povos. Assim como a população indígena brasileira, a população africana que veio para o Brasil possui origens diferentes e mantém suas tradições, lendas e mitos. Além das suas próprias produções literárias, o negro e o índio também foram retratados em textos produzidos por brancos e seus descendentes, mas sempre como objeto e não como sujeito; era o olhar do "outro" representando essas etnias. Essa perspectiva, no entanto, não é abordada neste capítulo, pois visa a representação da identidade desses dois grupos étnicos nos textos literários estudados.

> **Literatura afro-brasileira:** A literatura afro-brasileira caracteriza-se por cinco elementos que se interligam: autoria negra, temática, ponto de vista, linguagem e público leitor. Pereira, no entanto, defende a "Literatura Afro-brasileira como uma das faces da Literatura Brasileira – esta mesma sendo percebida como uma unidade constituída de diversidades" (1995, p. 1035-1036).

A produção literária afro-brasileira data da segunda metade do século XVIII e início do XIX, e era bastante reduzida, uma vez que poucos negros eram alfabetizados, resultando em uma escassez de escritores e de público leitor. O desenvolvimento da literatura afro-brasileira começa com Luís Gonzaga Pinto da Gama, no Romantismo brasileiro. Durante o Realismo e o Naturalismo, procurou-se abordar questões sociais, mas os escritores, maioritariamente brancos, não questionavam o *status quo*, embora criticassem teoricamente as injustiças que os negros enfrentavam. No início do século XX, as artes vivenciaram uma valorização da cultura nacional com a Semana de Arte Moderna de 1922. Tal abordagem não incluiu, no entanto, os negros e sua cultura. Somente na década de 1960 pode-se perceber uma mudança significativa na inserção do negro na literatura e um crescimento nas publicações de escritores negros e na diversidade de seus gêneros, continuando a poesia a ser o mais popular. Entre os escritores mais engajados, está Luiz Silva (Cuti), que declara seu pertencimento e sua consciência negra: "Sou negro: entendo-me em toda dimensão humana da palavra (nascimento, ascendência, crescimento, nacionalidade, morte, memória e com isto toda sorte de sentimentos, emoções e razões existenciais) que encerra situações passadas, presentes e futuras vividas pelo meu povo" (BERND, 1992, p. 82).

Esses escritores e os movimentos negros em todo o país, por meio da sua voz, combinam esforços para chamar a atenção sobre o racismo e o preconceito no Brasil, bem como para conscientizar a população afrodescendente para criar mecanismos para combatê-los. Os afro-brasileiros contam e criam estórias em forma de romance, poesia e conto; falam do presente e do passado de luta contra a escravidão e o preconceito; e ensinam seus costumes que estão ligados a danças, culinária e música. Além de Cuti, ainda podemos citar Conceição Evaristo, Oubi Inaê Kibuko, Edimilson de Almeida Pereira e Cristiane Sobral. Grande parte de suas publicações quando do florescimento e crescimento das produções desse povo era coletiva, em forma de antologias, e lançada por editoras menores que se dedicavam a escritores negros ou minorias. Atualmente há um número crescente de títulos desses autores, em produções individuais.

> **Línguas maternas:** Segundo Rodrigues (1993), havia cerca 1.200 línguas indígenas diferentes no Brasil antes da chegada dos colonizadores. Em 1993, no entanto, o linguista estimava que somente certa de 180 línguas ainda eram faladas, pois muitos povos foram extintos. Entidades governamentais e não governamentais, buscando a preservação de línguas, investem em pesquisas linguísticas que incluem tanto a definição da grafia a ser adotada na escrita como o estudo do funcionamento das línguas.

De forma similar, a população indígena também precisou criar seu espaço para a inclusão da sua literatura. Enquanto a população negra tinha, proporcionalmente, menos escolaridade e mais analfabetos em relação à branca, a indígena tinha de enfrentar mais um passo para dar voz a suas tradições: suas línguas maternas eram ágrafas e muitas dessas informações transmitidas oralmente eram feitas nessas línguas. Assim, fez-se necessário a criação de uma escrita para elas para que os autores pudessem preservar a riqueza do universo indígena utilizando tanto o código linguístico do colonizador quanto os seus para também dar oportunidade aos não índios de conhecer toda a diversidade dessas culturas. Nesse viés, alguns escritores surgem para manter, por meio de textos poéticos

Capítulo 10 A inclusão das culturas africana e indígena nas aulas de literatura 163

e narrativos, suas tradições (rituais, cantos e estórias) e a identidade de cada povo. A produção escrita da literatura indígena é recente, visto que as tradições das sociedades indígenas sempre foram orais e transmitidas de gerações em gerações:

> *Os indígenas brasileiros, através da aquisição e do domínio da escrita, passam a fazer história, como produção de sentidos para a própria ressubjetivação. Não há história sem discurso. E a escrita e seus meios são instrumentos que os índios estão utilizando para configurar suas identidades. Identidades, não como essência, mas resultantes de processos de identificação do sujeito ao complexo de formações discursivas historicamente (ideologicamente) determinadas. O que se exige de um discurso não é uma verdade é uma lógica discursiva (ALMEIDA; QUEIROZ, 2004, p. 204).*

Essa literatura reconstrói a memória coletiva indígena, expressa uma cultura comum e funciona como instrumento de conscientização. Os indígenas contam estórias que ouviram antigamente e revelam sabedorias; criam romances, aventuras vividas ou ouvidas e poesias; falam do presente e do passado, da vida na aldeia ou nos centros urbanos; e ensinam remédios naturais ou receitas culinárias. Enfim, são leituras fundamentais para a compreensão, a aceitação, o respeito e o conhecimento dos povos nativos brasileiros. Assim, pode-se pensar na literatura indígena como uma estética particular que, além de apresentar valores culturais, atua como instrumento de luta, de conscientização e de libertação.

Algumas vezes, percebe-se no ambiente escolar e fora dele que a população indígena ainda é apresentada como atrasada culturalmente e não civilizada, como selvagem, mas eles se adaptaram aos novos tempos, como qualquer outro grupo humano, por uma questão de sobrevivência. Por outro lado, essa população é incompreendida e rotulada de não indígena quando estuda e se integra à vida urbana, pois as pessoas associam tal atitude à negação de ser indígena, uma vez que o lugar dela é a mata, vivendo da caça e da pesca. Alguns dos autores indígenas mais publicados são: Yaguarê Yamã, do povo Maraguá, na Amazônia; Olívio Jekupe, do povo Guarani, em São Paulo; Roni Wasiry Guará, do povo Maraguá, na Amazônia; Graça Graúna, do povo Potiguara, no Rio Grande do Norte; Eliane Potiguara, do povo Potiguara, em Pernambuco; Cristino Wapichana, do povo Wapichana, em Roraima; Daniel Munduruku, do povo Munduruku, no Pará.

A população negra e a indígena buscaram, por meio da literatura, uma maneira de chamar a atenção para seus problemas e conscientizar os brasileiros de que, na verdade, eles são seres humanos iguais, podendo apresentar algumas particularidades diferentes, que estão associadas à origem de cada um dos grupos.

10.3 LITERATURAS NA ESCOLA: CONSIDERAÇÕES E ABORDAGENS

Cabe, portanto, ao professor buscar suprir essa lacuna em sua formação para que selecione textos literários relevantes que reflitam e valorizem essa diversidade, incluindo os canônicos e os contemporâneos. Cosson, no entanto, critica a postura de alguns professores e escolas visto que, na tentativa de "integrar o aluno à cultura, [pensam que] a escola precisaria se atualizar, abrindo-se às práticas culturais contemporâneas que são muito mais dinâmicas" (2006, p. 21-22) do que a leitura de textos literários. Diante desse cenário, qual deveria, então, ser o ambiente onde a leitura literária forneceria "os instrumentos necessários para conhecer e articular com proficiência o mundo feito linguagem" (COSSON, 2006, p. 29-30)? Essa visão contrasta com a proposta deste trabalho, ou seja, traz para a sala de aula textos literários que abranjam uma diversidade de gêneros textuais e temáticas, por acreditar que é no ambiente escolar, mas não exclusivamente, que discussões que despertem a sociedade para sua constituição e sua identidade aconteçam. Nesse viés, alguns autores consideram que:

> *A escola é um dos principais ambientes, fora do núcleo familiar, em que o indivíduo aprende valores e se habitua a viver em sociedade. Entretanto, a desvirtuação desse modelo vem se tornando um fator preocupante nos dias de hoje. Muitos valores são esquecidos e o ambiente escolar reflete este que é um dos aspectos negativos da sociedade: a discriminação (CRUZ et al., 2011, p. 107).*

Portanto, o professor deve considerar o perfil e os interesses dos estudantes para despertar o hábito da leitura, desafiando-os a refletir sobre outra realidade e a expandir seus conhecimentos literários explorando temas, gêneros e autores desconhecidos por eles. De acordo com Tibério, "Para conseguir trabalhar a leitura, o professor deve ser, antes de tudo, um leitor, a fim de que conheça autores e textos, o que o ajudará a selecionar o material que levará para a turma. Os textos escolhidos devem ser de boa qualidade, ter uma linguagem sedutora e envolvente"

Capítulo 10 A inclusão das culturas africana e indígena nas aulas de literatura **165**

(2003, n.p.). Além disso, se os estudantes forem indígenas ou afro-brasileiros, vão se reconhecer nos textos, ou seja, os textos literários podem ser mais um elemento inclusivo para essas crianças e adolescentes na escola.

Feita a seleção do texto literário, o professor deve propor atividades que trabalhem o texto na íntegra, que não se restrinjam a resumos ou fichas de leitura nem sirvam somente para identificar características dos períodos literários, ensinar a gramática ou preparar para outros tipos de questões de provas de vestibular ou Enem, uma função utilitarista; o professor precisa buscar construir e reconstruir sentidos no processo de formação do sujeito (MARTINS, 2006). Essas questões estão intimamente ligadas à prática de leitura e interação com o texto por parte professor. Por fim, esse profissional, por meio de sua experiência teórico-prática, deve oferecer a seus alunos, por intermédio de obras literárias canônicas ou contemporâneas, mecanismos para que compreendam a vida e o mundo.

10.4 PROPOSTA DE TRABALHO EM SALA DE AULA

As atividades a desenvolver em sala de aula podem ser gerais ou específicas, dependendo do objetivo do professor. No caso das primeiras, inclui reescrever uma parte do texto ou um final diferente, partilhar o trabalho final com os colegas, ou teatralizar a estória durante uma festividade da escola, para que toda a comunidade participe. No segundo caso, subdivide-se as atividades específicas em duas partes: uma que tem como foco a literatura afro-brasileira e outra que aborda a literatura indígena. Seguem os exemplos.

10.4.1 Literatura afro-brasileira

O professor pode utilizar, por exemplo, na temática afro-brasileira, os poemas "Essa negra Fulô" e "Outra nega Fulô", de Jorge de Lima e Oliveira Silveira, respectivamente.

Depois de uma primeira leitura, pode-se criar um ambiente propício para a interpretação, perguntando aos estudantes como percebem as relações entre os brancos e os negros nos dois poemas. A partir desse primeiro contato e primeiras impressões, pode-se fazer uma ligação com o contexto histórico brasileiro da hierarquização das culturas branca e negra, que data da época da escravidão.

Em seguida, sugere-se explorar o processo de desconstrução dos discursos que legitima, no primeiro poema, a identidade feminina afro-brasileira estigmatizada e, no segundo, o questionamento da

Jorge de Lima: O negro passa a ser um dos assuntos principais na obra de Jorge de Lima a partir de *Novos poemas* (1929). O poema "Essa negra Fulô" está nesse livro. O autor nasceu em União dos Palmares (AL) em 1895 e morreu no Rio de Janeiro em 1953. Cursou Medicina e fez carreira em seu estado natal. Além de poeta, foi pintor, fotógrafo e ensaísta (LITERATURA BRASILEIRA, 2009).

Oliveira Silveira: Oliveira Ferreira da Silveira nasceu em 1941 em uma área rural do estado do Rio Grande do Sul e morreu em 2009. Cursou Letras e foi, além de poeta, pesquisador, historiador e um dos idealizadores do dia da Consciência Negra no Brasil. Seu engajamento para discutir sua identidade negra e o racismo no país começou no Grupo Palmares, na década de 1970 (FUNDAÇÃO CULTURAL PALMARES, 2013).

representação descrita no primeiro. O contradiscurso do segundo poema inverte valores e estigmas construídos durante séculos e confirma a construção e a afirmação da identidade negra de resistência.

Essa negra Fulô

[...]
Ó Fulô! Ó Fulô!
(Era a fala da Sinhá)
– Vai forrar a minha cama
pentear os meus cabelos,
vem ajudar a tirar
a minha roupa, Fulô!
[...]
O Sinhô foi ver a negra
levar couro do feitor.
A negra tirou a roupa,
O Sinhô disse: Fulô!
(A vista se escureceu
que nem a negra Fulô).
[...]
O Sinhô foi açoitar
sozinho a negra Fulô.
A negra tirou a saia
e tirou o cabeção,
de dentro dêle pulou
nuinha a negra Fulô.
[...]
Ó Fulô! Ó Fulô!
Cadê, cadê teu Sinhô
que Nosso Senhor me mandou?
Ah! Foi você que roubou,
foi você, negra Fulô?
Essa negra Fulô!

(LIMA, s. d.)

Outra nega Fulô

O sinhô foi açoitar

a outra Nega Fulô

– ou será que era a mesma?

A nega tirou a saia

a blusa e se pelou

O sinhô ficou tarado,

largou o relho e se engraçou.

A nega em vez de deitar,

pegou um pau e sampou

nas guampas do sinhô

[...]

– Fulô! Fulô! Ó Fulô!

A sinhá burra e besta perguntou

onde é que tava o sinhô

que o diabo lhe mandou

– Ah ! Foi você que matou!

– É sim, fui eu que matou –

disse bem longe a Fulô

pro seu nego, que levou

ela pro mato, e com ele

aí sim ela se deitou.

Essa Nega Fulô! Essa Nega Fulô!

(SILVEIRA, 2008, p. 109-110)

O pensamento racista dos séculos XIX e XX fundamenta-se no determinismo biológico decorrente dos conceitos de evolução darwinistas. A desconstrução desse discurso que estereotipa a África e seus descendentes parte do "pensar a raça enquanto categoria discursiva e não biológica" (HALL, 2006, p. 63) e se amplia com as reivindicações de alguns movimentos sociais em questionar a identidade branca como hegemônica e a representação da identidade negra na sociedade ocidental e, em particular, na brasileira.

No poema de Jorge de Lima, há uma associação entre a mulata Fulô e sua sensualidade que é perigosa e exótica. Ela está sempre a serviço de seus senhores (homem e mulher brancos) nos afazeres domésticos, e seu corpo "escraviza" sexualmente seu senhor, sem que desses encontros nasçam descendentes. Portanto, ela representa as descrições estabelecidas pelos cânones, ou seja, a mulher negra está "ancorada nas imagens de seu passado escravo, de corpo-procriação e/ou corpo-objeto de prazer do macho senhor [...]. Outras personagens negras como Rita Baiana, Gabriela não são construídas como mulheres que geram descendência" (EVARISTO, 2003, p. 201).

Oliveira Silveira desconstrói essa imagem de mulher objeto. Embora o título sugira, a princípio, tratar-se de outra mulher, a pergunta formulada no terceiro verso deixa uma dúvida. Fulô, nesse segundo poema, é descrita/narrada de forma diferente, a partir de uma perspectiva diferente daquela mulher subserviente do primeiro. Ela não incorpora a lógica do objeto sexual frágil e servil, é mais autônoma em relação a seu corpo, pois escolhe seu parceiro, "seu nego", no final do poema.

Finalmente, depois de explorar os dois poemas, os estudantes podem, em grupos, reescrever a estória de "Outra nega Fulô" na perspectiva da "sinhá" ou do "sinhô", em qualquer gênero literário. Nesse momento, o professor deve chamar a atenção dos alunos para a construção dos poemas e as características empregadas por Oliveira Silva.

10.4.2 Literatura indígena

No caso da temática indígena, o professor pode utilizar o livro *Meu vô Apolinário: um mergulho no rio da (minha) memória*, de Daniel Munduruku, que reflete sobre a identidade cultural do indígena brasileiro pela perspectiva da memória. Munduruku compartilha com seus leitores as lembranças e experiências da convivência com seu avô na aldeia durante sua infância e adolescência, assim como suas experiências no contexto urbano. O pequeno indígena vive entre a aldeia e a cidade, mas seus conflitos existenciais são resolvidos por meio de seus conhecimentos ancestrais e tradicionais, apreendidos com o avô. Para Munduruku,

> [...] Meu avô Apolinário – que ainda não apareceu nesta história, porque até aqui não havia marcado presença em minha memória infantil – surgiu ao meu lado como num passe de mágica. Passou a mão suavemente sobre minha cabeça e disse:
>
> – Hoje vamos tomar banho só nós dois.

Daniel Munduruku: Escritor premiado, Daniel Munduruku (Daniel Monteiro da Costa) nasceu em Belém, capital do Pará, em 1964. "Viveu entre a aldeia munduruku e a cidade até os sete anos", antes de ir para a escola. Fez graduação em História e Psicologia e mestrado em Antropologia. "Começou a escrever para alcançar um público a quem ele acredita poder ensinar uma outra maneira de ver o índio" (ALMEIDA, 2008, p. 12-13).

Em seguida, começou a andar em direção ao igarapé e eu senti que devia acompanhá-lo. [...] Quando chegamos ao igarapé onde a gente sempre tomava banho eu parei. Apolinário apenas balançou a cabeça negativamente e apontou um lugar mais adiante. Fui atrás dele. Eu nunca tinha tido coragem de subir o rio, mas não fiquei surpreso com o convite de meu avô. Ele me levou para um lugar belíssimo, com uma queda-d'água mais ou menos alta.

[...]

– Está vendo aquela pedra lá na cachoeira?

Respondi que sim.

– Então sente nela e fique lá. Não saia enquanto eu não mandar. Você só tem que observar e escutar o que o rio quer dizer pra você.

[...] Eu olhava fixamente para as águas pensando no que eu deveria ouvir. Não ouvi nada, é claro. Não daquela vez. Quando a tarde já estava caindo, meu avô me chamou.

– Agora já pode tomar banho.

[...]

– Você chegou à aldeia muito nervoso estes dias, não foi? Veio assim da cidade, lugar de muito barulho e maldade. Lá as pessoas o maltrataram e você se sentiu aliviado quando soube que viria para cá, não foi? Sei que está assim porque as pessoas o julgam inferior a elas e seus pais não o ajudam muito a compreender tudo isso. Pois bem. Já é hora de saber algumas verdades sobre quem você é. Por isso eu o trouxe aqui. Você viu o rio, olhou para as águas. O que eles lhe ensinam? A paciência e a perseverança. Paciência de seguir o próprio caminho de forma constante, sem nunca apressar seu curso; perseverança para ultrapassar todos os obstáculos que surgirem no caminho. Ele sabe aonde quer chegar e sabe que vai chegar, não importa o que tenha de fazer para isso. Ele sabe que o destino dele é unir-se ao grande rio Tapajós, dono de todos os rios. Temos de ser como o rio, meu neto. Temos de ter paciência e coragem. Caminhar lentamente, mas sem parar. [...] Quando você estiver com esses pensamentos outra vez, venha para cá ouvir o rio. (MUNDURUKU, 2009, p. 30-31)

Antes de iniciar a leitura, como forma de preparar os alunos, o professor pode pedir aos estudantes para contarem suas lembranças da infância e/ou adolescência, principalmente aquelas que estejam ligadas a alguma pessoa significativa em sua vida.

A partir dos depoimentos dos alunos, e enquanto estiverem fazendo a leitura do texto literário em casa, o professor pode explorar a importância da figura dos mais velhos para a cultura indígena, principalmente na contação de estórias, o panorama da literatura indígena brasileira, bem como os movimentos de resistência de vários segmentos étnicos da população. Em seguida, discute-se como esse texto literário pode ser interpretado como um discurso narrativo de resistência que objetiva a sobrevivência da cultura e da identidade indígena, abordando as relações culturais com a sociedade brasileira e a identidade do outro, não índio. Por fim, os estudantes podem, em grupos, estender o conceito de resistência escrevendo uma resenha para o mural da escola.

PARA FINALIZAR

Depois de muitos anos desprovidos de meios para externar suas vozes, negros e indígenas desenvolveram e fortaleceram suas literaturas.

A partir da promulgação da Lei nº 11.645/08-MEC, o ensino básico brasileiro passou a ter a obrigação de inserir a temática das culturas africana e indígena em seu currículo, mas ainda há uma carência de material e formação para os professores que já atuam nas escolas. As aulas de literatura são uma das formas de levar essa temática para os alunos, mas não a única. As aulas de literatura devem promover a formação do sujeito, principalmente por meio de discussões que procurem valorizar a diversidade e a riqueza culturais, combatendo a discriminação racial e o preconceito. Assim como outras literaturas, professores e alunos precisam repensar o hábito e o prazer pela leitura de textos literários de gêneros variados na escola, para que deixem de ocupar um lugar periférico.

A proposta das atividades no final do capítulo, utilizando os três textos literários (dois poemas e um romance), visa incentivar a repensar e a discutir a contribuição da leitura para a formação de sujeitos. Ou seja, por meio desses textos, pode-se questionar sobre quem são esses indivíduos, de onde eles são, como são representados na sociedade brasileira por eles mesmos e pelos outros e como essa representação afeta sua autoimagem e sua identidade.

REFERÊNCIAS BIBLIOGRÁFICAS

ALMEIDA, Maria Inês de; QUEIROZ, Sônia. **Na captura da voz:** as edições da narrativa oral no Brasil. Belo Horizonte: Autêntica, 2004.

Capítulo 10 A inclusão das culturas africana e indígena nas aulas de literatura **171**

ALMEIDA, Sandy A. C. de. *Histórias de índio*, de Daniel Munduruku, e *Will's Garden*, de Lee Maracle: afirmando a identidade indígena pela literatura. 2008. 53 f. Monografia de conclusão de curso (Graduação em Letras) – Universidade Federal do Paraná, Curitiba, 2008. Disponível em: <www.humanas.ufpr.br/portal/letrasgraduacao/files/2014/08/Sandy_Anne_Almeida.pdf>. Acesso em: 5 fev. 2014.

BAPTISTA, Ana Maria H. **Literatura e ensino:** duas propostas para reflexão. São Paulo: Universidade Nove de Julho, 2010. Disponível em: <www.uninove.br/PDFs/Mestrados/Educa%C3%A7%C3%A3o/IIIENCONTRO/AnaHaddad.pdf>. Acesso em: 15 jan. 2014.

BERND, Zilá (Org.). **Poesia negra brasileira:** antologia. Porto Alegre: Age, 1992.

BRASIL. Ministério da Educação. Secretaria de Educação Continuada, Alfabetização, Diversidade e Inclusão. **Diretrizes curriculares nacionais para a educação das relações étnico-raciais e para o ensino da história e cultura afro-brasileira e africana.** Brasília, 2004.

_____. Lei n. 11.645, de 10 de março de 2008. Altera a Lei n. 9.394, de 20 de dezembro de 1996, modificada pela Lei n. 10.639, de 9 de janeiro de 2003, que estabelece as diretrizes e bases da educação nacional, para incluir no currículo oficial da rede de ensino a obrigatoriedade da temática "História e Cultura Afro-Brasileira e Indígena". **Diário Oficial da República Federativa do Brasil.** Brasília, 2008. Disponível em: <http://www.planalto.gov.br/ccivil_03/_ato2007-2010/2008/lei/l11645.htm>. Acesso em: 15 jan. 2014.

COSSON, Rildo. **Letramento literário:** teoria e prática. São Paulo: Contexto, 2006.

CRUZ, Cristiane A.; TINTIN, Ricelle F. Q.; PEREIRA, Ana S. S. de F. Literáfrica: interseção cultural através da literatura. **Quipus**, Natal, v. 1, n. 1, p. 105-112, 2001. Disponível em: <http://repositorio.unp.br/index.php/quipus/article/view/122/108>. Acesso em: 15 jan. 2014.

EVARISTO, Conceição. **Mulheres no mundo:** etnia, marginalidade e diáspora. João Pessoa: Idéia Editora, 2003.

FUNDAÇÃO CULTURAL PALMARES. **Personalidades negras:** Oliveira Silveira. 2013. Disponível em: <www.palmares.gov.br/?p=31262>. Acesso em: 5 fev. 2014.

GUSMÃO, Neusa M. M. Desafios da diversidade na escola. **Mediações**, Londrina, v. 5, n. 2, p. 9-28, 2000.

HALL, Stuart. **A identidade cultural na pós-modernidade**. Rio de Janeiro: DP&A Editora, 2006.

LIMA, Jorge de. Essa negra Fulô. **Jornal da Poesia**. [s.d.]. Disponível em: <www.jornaldepoesia.jor.br/jorge.html>. Acesso em: 5 fev. 2014.

LITERATURA BRASILEIRA. **Jorge de Lima (1895-1953)**. 2009. Disponível em: <www.literaturabrasileira.net/index. php?option=com_content&view=article&id=119:jorge-de-lima-1895-1953&catid=14:todos&Itemid=27>. Acesso em: 5 fev. 2014.

MARTINS, Ivanda. A literatura no Ensino Médio: quais os desafios do professor? In: BUZEN, Clécio; MENDONÇA, Márcia (Org.). **Português no ensino médio e formação de professor**. São Paulo: Parábola Editorial, 2006.

MUNDURUKU, Daniel. **Meu vô Apolinário:** um mergulho no rio da (minha) memória. São Paulo: Studio Nobel, 2009.

ORLANDI, Eni P. **Discurso e leitura**. São Paulo: Cortez, 2006.

PEREIRA, Edimilson de A. Panorama da literatura afro-brasileira. **Callaloo**, v. 18, n. 4, p. 1035-1040, 1995.

RODRIGUES, Aryon D. Línguas indígenas: 500 anos de descobertas e perdas. **D.E.L.T.A.**, v. 9, n. 1, p. 83-103, 1993.

SILVEIRA, Oliveira. Outra nega Fulô. In: QUILOMBHOJE (Org.). **Cadernos negros:** os melhores poemas. São Paulo: Quilombhoje, 2008. p. 109-110.

SOARES, Magda. **Alfabetização e letramento**. São Paulo: Contexto, 2007.

SOUZA, Jessé. Democracia racial e multiculturalismo: a ambivalente singularidade cultural brasileira. **Revista Estudos Afro-Asiáticos**, n. 38, p. 135-155, 2000.

TIBÉRIO, Fabiana F. Leitura, literatura e escola: diálogo difícil, mas possível. In: CONGRESSO DE LEITURA DO BRASIL (COLE) – III SEMINÁRIO SOBRE ENSINO DE LÍNGUA E LITERATURA, 14., 2003, Campinas. **Anais...** Campinas: APLL/ Unicamp, 2003. Disponível em: <http://alb.com.br/arquivo-morto/edicoes_anteriores/anais14/Cse13.html>. Acesso em: 15 jan. 2014.